ANDRÉS-GALLEGO, José; BARNÉS VÁZQUEZ, Javier; BRUNETE PIETX, Isabel; BUCH, Lucas; CID VÁZQUEZ, María Teresa; FERNÁNDEZ DARNA, Yago; FERNÁNDEZ RODRÍGUEZ, Fernando; FORCADA BARRERO, Miguel; GARCÍA GÓMEZ, Álvaro; GÓMEZ PÉREZ, Rafael; LÓPEZ CAMBRONERO, Marcelo; PÉREZ-SOBA DIEZ DEL CORRAL, Juan José; SÁNCHEZ CÁMARA, Ignacio: *Benedicto XVI y la restauración de la cultura. Una conversación propiciada por Wujek*, Ideas y Libros Ediciones, Madrid, 2025, 216 pp. Edición al cuidado de José Andrés-Gallego y Donato Barba. Diseño de portada, Edurne A. Urtasun. 148X210 mm.

Papel ISBN: 978-84-17892-89-0 EAN: 9788417892890 DL: M-6515-2025
Digital ISBN: 978-84-17892-90-6 EAN: 9788417892906

Ideasylibros.ed@gmail.com https://ideasylibrosediciones.blogspot.com/

VENTA EN **PAPEL**: librerías, Amazon, Agapea, Casa del Libro, grupoediciones19.bajodemanda.com Así como otros canales habituales de distribución en España y el resto del mundo. Además BIBLIOMANAGER.:
Argentina * CUSPIDE.COM http://www.cuspide.com/ * MANDRAKE https://www.mandrakelibros.com.ar * OZONUM Mercado Libre - Argentina https://listado.mercadolibre.com.ar/ **Brasil** * O ATENEUM www.oateneum.com.br **Colombia** * LEMOINE EDITORES www.librosyeditores.com * BIBLIOSTORE - Mercado Libre https://listado.mercadolibre.com.co/ * LIBRERIA DE LA U www.libreriadelau.com **Chile** * VOY A LEER www.voyaleer.cl / * BIBLIOSELLER CHILE / * BIBLIOSTORE CHILE - MERCADO LIBRE / * EDUCALIBRO **Ecuador** * POWER STORE BOOKS www.powerstorebooks.com * THE BOOKS LINK www.thebookslink.com **Méjico** * BIBLIOSTORE México - Mercado Libre https://www.mercadolibre.com.mx/ * Librerías GANDHI www.gandhi.com.mx/ * Librerías GONWIL www.gonvill.com.mx **Perú** * ALEPH IBD (Mercado Libre) https://listado.mercadolibre.com.pe/ * Librería SBS https://www.sbs.com.pe **Uruguay** * MERCADOLIBROS (Mercado Libre) https://mercadolibros.uy/ * PALACIO DEL LIBRO S.A. www.libreriapocho.com.uy

DIGITAL: https://www.casadellibro.com/¿Desde dónde se pueden comprar?
España, Portugal, Austria, Alemania, Argentina, Bélgica, Chile, Chipre, Colombia, Eslovaquia, Eslovenia, Estonia, Finlandia, Francia (Guayana Francesa, Guadalupe, Martinica, Reunión, San Pedro, Miquelón, Wallis y Futuna.), Grecia, Irlanda, Italia, Luxemburgo, México, Mónaco, Países Bajos, Polinesia Francesa, Reino Unido, Suiza.
ADEMÁS https://vivlio.casadellibro.com/
Argentina, Chile, Colombia, España, Francia, México y Reino Unido

IDEAS
34

BENEDICTO XVI
Y LA RESTAURACIÓN DE LA CULTURA
Una conversación propiciada por Wujek

*

JOSÉ ANDRÉS–GALLEGO
JAVIER BARNÉS VÁZQUEZ
ISABEL BRUNETE PIETX
LUCAS BUCH
MARÍA TERESA CID VÁZQUEZ
YAGO FERNÁNDEZ DARNA
FERNANDO FERNÁNDEZ RODRÍGUEZ
MIGUEL FORCADA BARRERO
ÁLVARO GARCÍA GÓMEZ
RAFAEL GÓMEZ PÉREZ
MARCELO LÓPEZ CAMBRONERO
JUAN JOSÉ PÉREZ–SOBA DIEZ DEL CORRAL
IGNACIO SÁNCHEZ CÁMARA

ÍNDICE

ÍNDICE

RATISBONA 2006

BERLÍN 2011

CONCLUSIÓN

PRESENTACIÓN

Desde su fundación en 1989, AEDOS (Asociación para el Estudio de la Doctrina Social de la Iglesia) ha optado, más que por un peso institucional, por un espíritu animador de las más diversas iniciativas de sus socios y amigos. Eso explica la variedad de temas tratados, casi todos recogidos en casi un centenar de libros, abordando la doctrina social desde una amplitud de perspectivas: antropológica, jurídica, económica, psicológica, sociológica, bioética, comunicación, estética, educacional, familiar...

Es este mismo espíritu el que nos ha llevado a colaborar con la Asociación WUJEK, compuesta sobre todo de gente joven, amante de la amistad, la conversación y la buena mesa, que convierten sus encuentros en un ámbito privilegiado para buscar la verdad de las cuestiones básicas de la cultura. Coincide, además, que su primera reunión de escala más amplia, se centre en la figura de Benedicto XVI, cuyas encíclicas, y en especial *Caritas in veritate*, han sido estudiadas a fondo en una obra colectiva de AEDOS. Las actas de esa reunión, que se recogen aquí, reflejan la hondura y calidad de las ponencias y del diálogo suscitado. Los textos que aparecen en este número, como textos escritos y elaborados por los ponentes a posteriori de ser expuestos, no pueden reflejar de modo claro la frescura y sencillez de las exposiciones. Fueron exposiciones académicas, aunque muy amenas y la letra escrita de ese tipo de escritos exige un estilo distinto, sin concesiones coloquiales; máximo rigor conceptual, referencias bibliográficas... Aún así, no dejan de ser exposiciones de asuntos relevantes que atraerán seguramente tanto como atrajeron aquellas intervenciones orales, que siguió con interés y atención más de un centenar de asistentes y dieron lugar a un rico y abundante diálogo entre unos y otros.

Con la historia de más de tres décadas de trabajo, saludamos la juventud de WUJEK, deseando que aumenten este tipo de iniciativas, muy deseables en una cultura que necesita fundamentos de verdades que aseguren los derechos y la dignidad de la persona.

FERNANDO FERNÁNDEZ RODRÍGUEZ
PRESIDENTE DE AEDOS

¿QUÉ ES WUJEK?

Hace unos años, varios amigos decidimos reunirnos de vez en cuando para conversar sobre libros en torno a una buena mesa. Aquellos encuentros nacieron de una convicción compartida: una vida vivida superficialmente es una vida desaprovechada. Queríamos vivir, no vegetar.

Quienes asistíamos a aquellas reuniones no constituíamos, desde luego, un bloque único u homogéneo: cada uno tenía su peculiar modo de ver el mundo. Aquel grupo nada tenía que ver con un partido político o un *lobby*. Era, sencillamente, el encuentro de unos cuantos amigos que disfrutábamos de la lectura y la conversación. Algo más: todos estábamos interesados en la cultura, entendida como el «conjunto de respuestas a las preguntas básicas de la humanidad»[1]. Responder a esas preguntas no era para nosotros —para nadie, en realidad— un asunto trivial: sabíamos, y bien sabíamos, que nos iba la vida en ello.

Dimos a esas reuniones un nombre que, de primeras, sorprendía a todo el mundo: Wujek. Lo tomamos prestado de

---

[1] BRAGUE, Rèmi, *Manicomio de verdades: remedios medievales para la era moderna*, Encuentro, Madrid, 2021, pp 95–96.

quien ha sido uno de los protagonistas de nuestra historia reciente: Karol Wojtyła, más conocido como Juan Pablo II. En sus primeros años de sacerdocio en Cracovia, Wojtyla formó grupos de jóvenes que, poco a poco, fueron convirtiéndose en «redes de conversación intelectual»[2]. Aquellos jóvenes no eran un puñado de eruditos, sino que los unía una profunda amistad: «la amabilidad del grupo y el aperturismo que caracterizaba sus discusiones suponían un duro contraste con la atmósfera en la universidad y el politécnico»[3]. Conversación y amistad: ¡Eso era! Wujek −«tío», en polaco− era una especie de *nom de guerre* estalinista con el que, no sin cierto sentido del humor, aquellos jóvenes apodaron a Wojtyla. El nombre de nuestro grupo es, por tanto, un homenaje a quien estaba convencido de que el hombre «no podrá desarrollarse plenamente [...] sino a través de la cultura»[4].

Wujek no es una suerte de reacción o enmienda a las concretas circunstancias de nuestro tiempo. Al contrario: Wujek nace del deseo de dar respuesta a preguntas que lleva haciéndose el hombre desde hace miles de años. Esa curiosidad nos llevó a observar más detenidamente el mundo en el que vivimos.

El hombre de hoy −el hombre posmoderno− ha sido calificado con acierto como «sujeto emotivo»[5]: un sujeto fragmen-

---

2 WEIGEL, George, *Testigo de esperanza. Biografía de Juan Pablo II*, Plaza & Janés, 1.ª edición, Madrid, 1999, p 145.

3 *Ibid.*, p 147.

4 JUAN PABLO II, *Discurso en la Universidad de Coimbra*, 15 de mayo de 1982.

5 PÉREZ–SOBA, Juan José. *Encuentro junto al pozo. Cómo hablar de fidelidad al emotivista postmoderno*, Palabra, Madrid, 2020, pp 59 y ss.

tado, zarandeado por multitud de emociones que no sabe relacionar entre sí, un «archipiélago de islas emocionales»[6]; un sujeto desorientado, sin fines mínimamente definidos y estables, condenado a una «vida precaria y vivida en condiciones de incertidumbre constante»[7]; un sujeto instalado en lo inmediato, que «recorre, estruja y quema» los muchos instantes que conforman su vida, sin plantearse nunca el «sentido profundo de las cosas»[8]; un sujeto cuyos juicios de valor —y, sobre todo, morales— han quedado reducidos a «expresiones de preferencias [...] o sentimientos»[9]; un sujeto que se explota a sí mismo, sin coacción externa, movido por el «imperativo del rendimiento»[10]; un sujeto, en fin, cerrado a la trascendencia, convencido de que «esta vida es la única y [...] el hombre no debe esperar otra felicidad que la que proporciona esta vida»[11].

En el plano político asistimos a una sociedad cada vez más fragmentada, reducida a una simple suma de individuos. Se ve en el individualismo el «código genético de la modernidad»[12]. El individualismo posmoderno está estrechamente vinculado

---

6 *Ibid.*, p 77.

7 BAUMAN, Zygmunt, *Vida líquida*, Austral, Madrid, 2017, p 10.

8 CAMUS, Albert, *El mito de Sísifo*, Alianza Editorial, Madrid, 1995, p 98.

9 MACINTYRE, Alasdair, *Tras la virtud*, Crítica, Barcelona, 2004, p 26.

10 HAN, Byung–Chul, *La sociedad del cansancio*, 2.ª edición, Herder, Madrid, 2018, p 29.

11 RATZINGER, Joseph, «Cristianismo y democracia pluralista. Acerca de la necesidad que el mundo moderno tiene del cristianismo», *Scripta Theologica*, volumen 16 (3), 1984, p 821.

12 LIPOVETSKY, Gilles, *Conferencia en la Universidad Diego Portales* (Santiago de Chile), 9 de noviembre de 2018.

—quizás como causa, quizás como efecto— a un marcado relativismo. Se niega la verdad o, en el mejor de los casos, se reduce a los hechos, a lo empíricamente constatable: la verdad degenerada a *fact–checking*.

La verdad es percibida como una imposición que obstaculiza la vida en común. Sólo podrán convivir pacíficamente quienes asuman que «las realidades divinas y las que se refieren al sentido profundo de la vida [...] son sustancialmente inaccesibles»[13]. Se ha llegado a decir, incluso, que el relativismo es *conditio sine qua non* de la democracia: «la concepción filosófica que presupone la democracia es el relativismo»[14].

Lo que nos reúne en torno a Wujek es el convencimiento de que la verdad no se opone a la vida en común: «por medio de la verdad no se hace violencia a nadie»[15]. Es más: creemos que sólo la verdad puede sustentar una auténtica comunidad. El relativismo aísla. La verdad une.

El relativismo termina por convertirse en la dictadura del más fuerte: «el relativista es normativo de manera insidiosa, porque deja que se imponga una norma en función de la relación de fuerzas del momento»[16]. En Wujek reivindicamos la verdad —siempre liberadora— frente a la «dictadura del relativismo»[17].

---

13 RODRÍGUEZ LUÑO, Ángel, «Relativismo, verdad y fe», *Romana*, n 42, p 150.

14 KELSEN, Hans, *Esencia y valor de la democracia*, Labor, Madrid, 1977, p 156.

15 RATZINGER, Joseph, *Fe, verdad y tolerancia*, 1.ª edición, Sígueme, Salamanca, p 74.

16 HADJADJ, Fabrice, *¿Qué es una familia?*, Nuevo Inicio, Granada, 2015, p 25.

17 RATZINGER, Joseph, *Homilía*, 18 de abril de 2005, 3

Vivimos inmersos en la llamada «guerra cultural»[18]. A todos se nos urge a elegir bando: «odio a los que no toman partido, odio a los indiferentes», proclamaba un conocido filósofo marxista[19]. A nosotros esa guerra no nos interesa, si se reduce a una simple contraposición de fuerzas. Si en la «guerra cultural» gana quien tiene más medios o más poder, nos declaramos no beligerantes. Otros hay mejor preparados para esa contienda.

El relativismo, además, nos condena a la tecnocracia. Una sociedad que renuncia a la verdad es «incapaz de elevarse sobre la praxis»[20]. En Wujek no nos resignamos a que la política se convierta en una tabla de cálculo. El bien cabe en la política. El bien −el bien común− es el fin de la política. La política no puede quedar degradada a simple gestión.

No podemos desconocer, en fin, la estrecha relación que existe entre el relativismo y las nuevas tecnologías. Hay quien afirma, incluso, que «el relativismo es el efecto del dispositivo mediático»[21]: novedad y conflicto alimentan constantemente las redes sociales y los medios de comunicación. La tecnología no es neutra: en Wujek apostamos por la mesa compartida −la proximidad− frente a la conexión. No despreciamos las nuevas tecnologías: afirmamos, sencillamente, que la mesa es una tecnología mejor. En este sentido, en Wujek estamos convencidos de que nuestra sociedad adolece sobre todo de un «déficit [...] de

---

18 HUNTER, James, *Culture wars: the struggle to define America*, Basic Books, Nueva York, 1991.

19 GRAMSCI, Antonio, «Odio a los indiferentes», en RENDUELES, César, *Escritos (Antología)*, Alianza Editorial, Madrid, 2017, 45.

20 BENEDICTO XVI, *Caritas in veritate*, 9.

21 HADJADJ, Fabrice, *La suerte de haber nacido en nuestro tiempo*, 2.ª edición, Rialp, 2018, p 41.

presencia«»[22]. Menos WhatsApp y más conversación. Basta ya de aceptar cookies: pasemos al café con galletas.

Wujek no es un tsunami, sino un oasis. No tenemos la más mínima pretensión de conquista. No queremos convencer a nadie. La verdad no necesita *marketing*, sino testigos[23]. En Wujek estamos abiertos a todo aquel que no se conforme con vivir encerrado en sus propias certezas.

En Wujek creemos en la conversación. La búsqueda de la verdad es, a la postre, una interminable conversación. La conversación es siempre transformadora[24]. En Wujek estamos decididos a dar la batalla de la sobremesa.

En un contexto de emociones desbocadas —y convertidas en objeto de consumo— conviene devolver a la razón el lugar que le corresponde. Nunca cometeremos, sin embargo, la locura de absolutizar la razón: «no es que el loco haya perdido la razón, sino que lo ha perdido todo menos la razón»[25]. Creemos, en este sentido, que la fe no es incompatible con la razón ni con la verdad; muy al contrario, «la fe y la razón son como las dos alas

---

22 HADJADJ, Fabrice, *¿Qué es una familia?*, Nuevo Inicio, Granada, 2015, p 132.

23 «El influjo de la Verdad en el mundo proviene generalmente del testimonio personal» (NEWMAN, John Henry, «El testimonio personal, medio de propagar la verdad», en BOIX, Aureli, *La fe y la razón. Sermones universitarios*, 2.ª edición, Encuentro, Madrid, 2017, p 145).

24 «Después de un rato de conversación, los que han hablado no son exactamente los que empezaron a hablar; si lo son, es que no han hablado realmente; a lo sumo han cruzado monólogos inoperantes» (MARÍAS, Julián, «El aire se serena», *ABC*, 15 de enero de 2003).

25 CHESTERTON, Gilbert K., *Ortodoxia*, 1.ª edición, Acantilado, Madrid, p 22.

con las cuales el espíritu humano se eleva hacia la contemplación de la verdad»[26]. La fe nunca embarra el debate: lo enriquece. Hablar de Dios no significa imponer a Dios.

Frente a la pulsión por lo nuevo propia de la posmodernidad, en Wujek reivindicamos la tradición. No renunciamos a la herencia de nuestros padres, pero tampoco vivimos anclados en la nostalgia de un pasado inmóvil. Encaramos ilusionados el tiempo que nos ha tocado en suerte.

En Wujek no nos preocupa hacer ruido. Wujek no es un mitin ni una red social: Wujek es, ante todo, una conversación. Una conversación pausada, sin prisa: el tiempo corre a nuestro favor.

Si tú tampoco te conformas con sobrevivir a esta época, te animamos a unirte a Wujek. Somos pocos y somos irrelevantes: tenemos todo lo necesario para cambiar el mundo.

YAGO FERNÁNDEZ DARNA
PRESIDENTE DE WUJEK

---

26 JUAN PABLO II, *Fides et ratio.*

WUJEK, AEDOS Y BENEDICTO XVI

Palabras de bienvenida a la jornada, pronunciadas por Isabel Brunete Pietx, vicepresidenta de Wujek

Queridos amigos:

Bienvenidos a la jornada *Benedicto XVI y la restauración de la cultura*. Muchas gracias a todos por vuestra presencia. Debo reconocer que quienes formamos parte de Wujek esperábamos este día con gran ilusión.

Hoy rendimos nuestro pequeño y modesto homenaje a uno de los mayores pensadores de los últimos tiempos: Joseph Ratzinger, más conocido como Benedicto XVI.

Son muchas las perspectivas desde las que uno puede aproximarse a Benedicto XVI. Su vida y obra han llenado —y siguen llenando— miles y miles de páginas… Nosotros hemos querido centrarnos en tres escritos suyos que, a nuestro juicio, reabren o replantean tres grandes diálogos: los fundamentos del Estado, la relación entre fe y razón, y la revolución cultural de *Mayo del 68*. Abordaremos estas cuestiones a partir de tres textos de Benedicto XVI cuya actualidad es verdaderamente sorprendente: el discurso ante el *Bundestag*, el discurso en la Universidad de Ratisbona, y el escrito sobre *Mayo del 68* que el papa alemán —ya emérito– publicó en la revista alemana *Klerusblatt* con ocasión de la crisis de los abusos en la Iglesia.

No estamos aquí –quede claro– para defender una concreta postura sobre los asuntos antes apuntados. Nuestra aproximación al pensamiento de Benedicto XVI dista mucho de ser monolítica u homogénea. El propósito de la jornada de hoy es, simple y llanamente, mantener una conversación. Una conversación en la que, de algún modo, nos va la vida, porque versará sobre algunas de las preguntas que el hombre lleva haciéndose desde tiempo inmemorial. Para avivar y enriquecer el diálogo contamos con ponentes excepcionales y, sobre todo, enormemente generosos: gracias de corazón por acompañarnos; vuestra participación en esta jornada es un auténtico privilegio.

Merece también una mención especial la Asociación para el Estudio de la Doctrina Social de la Iglesia (AEDOS), con la que Wujek coorganiza esta jornada. La desinteresada ayuda que desde el primer momento nos ha prestado AEDOS es una manifestación palpable –una más– de la fecundísima labor que esta asociación lleva realizando desde hace más de cuarenta años. Muchas gracias a AEDOS y en particular a su presidente, Fernando Fernández Rodríguez.

Muchas gracias, en fin, a la Universidad CEU San Pablo, por habernos dado tantísimas facilidades para la organización de esta jornada.

Permitidme ahora que me refiera brevemente a Wujek. Lo propio antes de empezar una conversación es presentarse…

Muy probablemente casi ninguno de los que nos acompañáis hoy sepáis qué es Wujek. Es más: probablemente muchos de vosotros ni siquiera sabéis cómo se escribe Wujek. Nuestro nombre no es, ciertamente, una proeza del *marketing*. Ni pretende serlo, por otra parte.

Wujek es una asociación que reivindica la amistad, la mesa y la buena conversación. En tiempos de conexión, apostamos por la proximidad. En tiempos de *WhatsApp*, apostamos por la tertulia. En tiempos de *Apple*, apostamos por los postres caseros.

Uno podría pensar —y no le faltaría razón— que para comer bien y pasar tiempo con los amigos no hace falta una asociación. Pero hay algo más: en Wujek estamos interesados en la cultura. ¿La cultura? ¿Es acaso Wujek una asociación para personas que no saben qué hacer en su tiempo libre? Nada de eso. Nosotros no vemos la cultura como un simple pasatiempo. Por favor, no confundamos la cultura con la *Guía del Ocio*. Nosotros entendemos la cultura como el conjunto de respuestas a las preguntas básicas de la humanidad. En Wujek queremos plantearnos las mismas preguntas que llevan haciéndose los hombres desde hace miles de años. Wujek es, sencillamente, un grupo de amigos con inquietudes que conversa sobre esas inquietudes en torno a una buena mesa.

En Wujek queremos buscar la verdad, por anacrónico que pueda parecer. Hoy la verdad se concibe como un obstáculo para la vida en común. Parece que sólo el relativismo permite una convivencia pacífica. La verdad —se nos dice— es cosa de intolerantes. En Wujek creemos, sin embargo, que el relativismo termina siempre por convertirse en la ley del más fuerte. Si no hay verdad gana siempre quien más dinero o más medios tiene. La verdad, por paradójico que resulte, es la mejor defensa frente a la dictadura del pensamiento único. El relativismo aísla y esclaviza. La verdad libera.

¿Significa eso que en Wujek nos erigimos en garantes o guardianes de la verdad? Ni hablar. En Wujek apostamos por la conversación, no por el discurso. La búsqueda de la verdad es una tarea que nos concierne a todos. No queremos —no debemos— dejar a nadie fuera. La amistad, decía Lewis, es siempre abierta:

Wujek abre sus puertas a todo aquel que no esté encerrado en sus propias convicciones.

En Wujek creemos firmemente que la búsqueda de la verdad consiste, ante todo, en un encuentro personal. Por eso en Wujek estamos siempre sentados a la mesa. ¿Hay algo más íntimo que digerir juntos un buen cocido? ¿No es cierto que un buen postre es la mejor forma de empezar a hablar sobre el sentido de la vida?

Nuestra época adolece de un déficit de presencia: estamos hiperconectados, pero cada vez más solos. Por eso en Wujek reivindicamos la mesa como una tecnología superior al *smartphone*. Ningún *like* podrá jamás equipararse a descorchar un vino añejo en buena compañía.

En Wujek no aspiramos a influir. La guerra cultural, entendida como simple contraposición de fuerzas, nos da una pereza terrible. Wujek no es un *tsunami*: es un oasis. No nos aislamos del mundo: amamos el mundo apasionadamente. Pero renunciamos a luchas estériles. Queremos participar en la vida pública, pero no desde la lógica de la dominación o de la influencia. Wujek no es un *lobby* ni un partido político. Aquí, ante todo, somos amigos.

En Wujek no somos ni una pandilla de nostálgicos ni unos soberbios adanistas. Acogemos con reverencia la herencia de nuestros padres y, a la vez, afrontamos con esperanza el tiempo que nos ha tocado en suerte. Llevamos grabadas a fuego aquellas palabras de Newman: «creen que añoran el pasado, pero en realidad su añoranza tiene que ver con el futuro». Raíces frente a desarraigo. Ilusión frente a escepticismo.

En Wujek creemos, asimismo, que la fe no es incompatible con la verdad ni con la razón. La fe nunca embarra el debate: lo enriquece. La fe no oscurece, sino que da luz. Hablar de Dios no significa imponer a Dios.

¿Qué es Wujek, en definitiva? Una conversación entre amigos. Así de sencillo. Nuestras únicas armas son la amistad y la conversación. No tenemos dinero ni influencia. Qué más da: no nos hacen falta para cambiar el mundo. Tampoco tenemos prisa: la nuestra es una lucha a fuego lento. En Wujek somos más de guiso que de comida rápida.

Termino ya. Decía Julián Marías que la conversación, cuando es verdadera conversación —y no la suma de monólogos inoperantes—, es siempre transformadora. Ojalá que la conversación que ahora iniciamos de la mano de Benedicto XVI dé frutos abundantes.

Muchas gracias.

YAGO FERNÁNDEZ DARNA, ISABEL BRUNETE PIETX,
MIGUEL FORCADA BARRERO Y ÁLVARO GARCÍA GÓMEZ

SOCIOS FUNDADORES DE WUJEK

23

RATZINGER Y LAS TRANSFORMACIONES CULTURALES

RAFAEL GÓMEZ PÉREZ [*]

En la reunión de Wujek, cuyos textos se recogen en este libro, se trataron dos temas aparentemente sin conexión directa: algunos aspectos del pensamiento de Benedicto XVI y lo que se suele entender, con cierta simplificación o quizá como metonimia, en la expresión «mayo del 68».

Sin embargo, la conexión existe si se analizan primero las transformaciones culturales –modos de vida, hábitos, ideas distintas, asunciones generales...– que empezaron ya desde el anuncio del Concilio Vaticano II, en 1960. La crisis religiosa que entonces empezó, coexistía con unos cambios de sensibilidad y con diversos patrones de conducta, con reflejos, por ejemplo, en la literatura de la *beat generation*. Durante esa década y en casi toda la siguiente, las manifestaciones estudiantiles, no solo en Francia, sino en países de varios continentes, fueron un epifenómeno de una transformación cultural cuyos efectos duran hasta el día de hoy.

---

[*] Profesor emérito de Antropología Cultural (UCM). Escritor

Esas transformaciones se dieron en distintos niveles y acabaron conformando la conducta de una gran parte de la población occidental. En lo teológico, se puede ver en el documentado análisis de José Andrés–Gallego, que sigue a continuación, en el que se advierte con claridad las inquietudes de Josef Ratzinger, cuya esclarecedora y a la vez compleja *Introducción al cristianismo* se publicó precisamente en 1968. Más llamativas, al menos para el gran público, fueron las transformaciones en el ámbito de la moral y, especialmente, en lo referente a la sexualidad. La encíclica *Humanae vitae*, de Pablo VI, también de 1968, llegó en un momento en el que, desde hacía años, numerosos cristianos, a veces con el apoyo de algunos teólogos, sacerdotes y diversos eclesiásticos, desoían lo que era doctrina de la Iglesia que la encíclica volvía a presentar. Benedicto XVI lo recordará en unas líneas de la encíclica «Caritas in veritate»: *Movido por el deseo de hacer plenamente visible al hombre contemporáneo el amor de Cristo, Pablo VI afrontó con firmeza cuestiones éticas importantes, sin ceder a las debilidades culturales de su tiempo*[**].

También en el ámbito de la diversión y de lo festivo, fue la época de la difusión del lema «sexo, droga y rocanrol». La droga ha existido desde siempre en numerosas culturas, pero como algo puntual y a veces unida a determinadas prácticas, por ejemplo, chamánicas. Se hace más habitual en el siglo XIX y es en el XX cuando se establecen redes mundiales del tráfico de droga (el Cártel de Medellín, por ejemplo, es de 1976), para «asegurar» el suministro recurrente a las personas adictas. En cuanto al ro-

---

[**] Nota del editor: los textos de Ratzinger/Benedicto XVI van en cursiva, tanto en este texto como en el resto de los que conforman este libro; el resto de citas en redonda y precedidas de comillas, a excepción de uno que está subrayado en cursiva por el autor.

canrol fue un fenómeno mucho más amplio, con una gran variedad de matices y para nada unido, en principio, al consumo de droga o a la promiscuidad sexual, por más que en algunos casos se llegara a celebrar, muy superficialmente, el satanismo.

En filosofía, las transformaciones cristalizan en el pensamiento (débil) posmoderno, que venía gestándose desde mediados del siglo XX y que iría, en lo teórico, hacia un abandono de la noción de verdad –o verla como un constructo cambiante y relativo– y en lo práctico en una sola norma moral: *Anything goes, todo vale.*

En los años sesenta se estaba aún en la galaxia socializante de la «conciencia social», aunque la influencia del pensamiento de Herbert Marcuse, que desde *Eros y civilización* (1955) venía abogando por «el principio del placer», junto a otros factores, acabaría produciendo la galaxia psicologizante de un individualismo que oculta su egocentrismo en la búsqueda de una creciente autoestima narcisista. Un individualismo que nada tiene que ver con un individualismo del crecimiento de una individualidad relacional. Como escribía Ratzinger en «Introducción al cristianismo» *solo el individuo puede llevar a cabo la transformación de la historia y derrocar la dictadura del medio ambiente.*

Se puede considerar, por otro lado, que las transformaciones culturales, salvo en el caso de los instrumentos, no suelen ser generalmente aceptadas o asimiladas. En un grupo social suficientemente amplio no hay una sola cultura, sino que coexisten culturas a veces muy diversas entre sí, e incluso contrapuestas.

En el ámbito católico y con influencia más allá de él, el largo pontificado de san Juan Pablo II (1978–2005) supuso un crecimiento de la esperanza de muchos cristianos. Aunque los efectos de las transformaciones culturales de los sesenta y setenta seguían operando, era posible ver con claridad, en muchos aspectos, cómo, en palabras del Papa, «la fe se hace cultura».

Benedicto XVI dio a todo ese impulso profundidad intelectual y dimensión pública también en ámbitos no católicos, de lo que es emblemática su conversación con Habermas. Pero en su renuncia al papado en 2013, cuyas causas quizá no será posible desentrañar, quizá tuvo algo que ver que lo peor de las transformaciones culturales derivadas de los años sesenta y setenta se daba también en algunos medios eclesiásticos.

De talante pacífico y profundizador en los muchos pliegues de la caridad en la verdad y en la libertad, Benedicto XVI, en su pontificado, no llegó a presentar, al menos de forma directa, la urgente necesidad en los creyentes de una contracultura, una actitud más decidida ante los fenómenos de degradación de la persona humana, que está en el objetivo de muchas propuestas culturales, sobre todo desde el inicio del nuevo siglo. Pero en la homilía de la misa «Pro eligendo pontifice», 18 de abril de 2005, el cardenal Ratzinger delineó con claridad la situación:

> *¡Cuántos vientos de doctrina hemos conocido durante estos últimos decenios!, ¡cuántas corrientes ideológicas!, ¡cuántas modas de pensamiento!... La pequeña barca del pensamiento de muchos cristianos ha sido zarandeada a menudo por estas olas, llevada de un extremo al otro: del marxismo al liberalismo, hasta el libertinaje; del colectivismo al individualismo radical; del ateísmo a un vago misticismo religioso; del agnosticismo al sincretismo, etc. Cada día nacen nuevas sectas y se realiza lo que dice san Pablo sobre el engaño de los hombres, sobre la astucia que tiende a inducir a error (cf. Ef 4, 14). A quien tiene una fe clara, según el Credo de la Iglesia, a menudo se le aplica la etiqueta de fundamentalismo. Mientras que el relativismo, es decir, dejarse «llevar a la deriva por cualquier viento de doctrina», parece ser la única actitud adecuada en los tiempos actuales. Se va constituyendo una dictadura del relativismo que no reconoce nada como definitivo y que deja como última medida sólo el propio yo y sus antojos.*

El decaimiento de la fe y de las prácticas cristianas en numerosas sociedades occidentales, que contrasta con el aumento del número de católicos en países de Asia y África, puede llevar a la conclusión de que, en Occidente, las personas coherentes con la fe católica son minoría. Benedicto XVI se refería a eso en una respuesta a periodistas en el viaje a la República Checa, el 26 de septiembre de 2009:

> *Diría que normalmente son las minorías creativas las que determinan el futuro y, en este sentido, la Iglesia católica debe comprenderse como minoría creativa que tiene una herencia de valores que no son algo del pasado, sino una realidad muy viva y actual. La Iglesia debe actualizar, estar presente en el debate público, en nuestra lucha por un auténtico concepto de libertad y de paz.*

Es precisamente a esa «lucha por un auténtico concepto de libertad y de paz», de respeto de la vida humana desde la concepción hasta la muerte, de realizar toda justicia, de impulsar, además, un florecimiento de la caridad a lo que se puede denominar «contracultura».

Las transformaciones culturales negativas (junto a otras positivas), que vienen dándose desde la crisis de los sesenta y setenta no desaparecen, porque se han hecho hábito, modo de vida. Pero siempre es posible que «las minorías creativas» presenten y sobre todo vivan desde el arraigo a un Evangelio leído, meditado y hecho cultura, en «la libertad gloriosa de los hijos de Dios» (*Romanos*, 8, 21).

TUBINGA 1968

EL 68 DE JOSEPH RATZINGER

*José Andrés-Gallego**

La convocatoria de Wujek me ha obligado a reconsiderar la relación entre Benedicto XVI y lo que llamaremos en adelante el *Sesenta y ocho*. Varios de los autores de este libro lo hacen también, y eso me lleva a señalar claramente la pequeña parcela a la que querría ceñirme. Recuérdese lo que se ha repetido y forma parte del relato del propio Joseph Ratzinger en la autobiografía tantas veces citada como la pieza fundamental que es en muy diversos órdenes: el teólogo se hallaba en Tubinga cuando, en muy poco tiempo, vio cómo la tendencia dominante en aquella facultad a fundamentar su investigación en el existencialismo heideggeriano era sustituida por el marxismo. Manifiesta perplejidad porque él mismo intentaba contrarrestar la inspiración existencialista de la exégesis bíblica de Bultmann, entonces en boga, y, para ello, recurría a razonamientos inspirados en el marxismo y mantenidos en la fe católica sin duda por los orígenes judeomesiánicos del pensamiento de Marx.

Mi contribución querría ceñirse a la explicación del párrafo anterior. Me preguntaré solamente cómo se puede comprender ese cambio de preferencia metodológica desde el existencia-

---

* Catedrático emérito de la Universidad CEU San Pablo, Madrid

lismo de Heidegger al marxismo en la perspectiva del joven Joseph Ratzinger. Y, dada su especialísima prudencia, la forma de intentarlo pasa por el análisis del libro *Introducción al cristianismo* que publicó en 1968[1]. Emiliana Riverón ha estudiado este libro en perspectiva que me atrevo a calificar de literaria–psicológica, ha examinado los asuntos y su argumentación, pero también su forma de expresarlo, y pone de relieve la enorme dificultad que supone saber en cada caso por qué se detiene en lo que se detiene y, mucho más, en quién podía pensar cuando lo hizo. No le cabe duda de que esa obra nació como respuesta a la crisis que se vivía en el mundo teológico y cultural de Tubinga y el conjunto de Alemania. Pero Ratzinger no solo no era polemista, sino que tenía el arte de argüir cordialmente respecto a alguien que se hubiera dirigido a él incluso sin respeto, y eso de modo que parecía distinguir (en rigor, distinguía) entre la persona y sus actos. No es que dijera al menos esto último, sino que se ceñía estrictamente a exponer su manera de pensar, sin mencionar a quien dijera lo contrario, y nunca, no digo ya atacando, sino debatiendo abiertamente con él[2]. Personalmente, no tengo claro que eso fuera una táctica sino más bien una forma de ser, muy cordial y cercana en lo personal y distante a la hora de escribir sobre teología.

En la propia autobiografía, explica que pudo dedicarse en Tubinga a desarrollar un proyecto –el de redactar esa obra– que

---

1 *Einführung in das Christentum: Vorlesungen über das apostolische Glaubensbekenntnis*, Munich, Köse–Verlag KG, 1968. Empleo la traducción española de DOMINGUEZ VILLAR, José L.: Joseph Ratzinger: *Introducción al cristianismo*, 4ª ed., Salamanca, Ediciones Sígueme, 1979 (ref. 9968), hecha –según se deduce de los créditos– sobre la ed. de 1968.

2 *Vid.* RIVERÓN DOWNES, M.E.: *Narrativas autobiográficas y construcción discursiva en Joseph Aloisius Ratzinger (Benedicto XVI): Legitimación, apertuira y continuidad*, Madrid, Universidad Autónoma de Madrid, https://repositorio.uam.es/handle/10486/717977 (ref. 18159).

tenía hace tiempo. Pero sabemos que lo hizo en 1967–1968 al socaire de un curso para estudiantes de todas las Faultades, con el título que iba a llevar el libro, y que, en este, menciona ya bibliografía del mismo año de la publicación de su obra, 1968, incluida la muy beligerante *Teología de la revolución* de Trutz Rendtorff y Heinz Eduard Tödt[3].

Ratzinger se encontraba en Tubinga desde 1966 y el clima de la universidad se endureció en 1967 con las luchas estudiantiles de esos años hasta culminar en las revueltas que tuvieron allí lugar en abril y mayo de 1968. Sin precisar la fecha, cuenta que era decano en los días de los conflictos y que permaneció en Tubinga hasta 1969, en que se trasladó a Ratisbona, en su Baviera natal.

La lectura de Heidegger en Tubinga en los años sesenta del siglo XX

Una primera constatación que surge de la lectura de la *Introducción* estriba en precisar que la presencia del nombre de Heidegger como referencia fundamental en la facultad de Tubinga hacia 1966–1967 se centraba especialmente en la influencia que, a su vez, tenía el filósofo sobre el teólogo y exegeta luterano Rudolf Bultmann, y esa influencia nos remite a los años en que coincidieron los dos últimos en la universidad de Marburgo, o sea entre 1923 y 1928. No se puede decir que Bultmann careciera hasta entonces de un soporte filosófico para su exégesis bíblica; a este respecto, haría falta detenerse en algo que pondría de relieve Jürgen Moltmann en *Tiempo de esperanza* (1964) y es la

---

3 Trutz Rendtorff & Heinz Eduard Tödt: *Theologie der revolution*, Francfort, Analysen und Materialen, 1968. Hay traducción publicada en Caracas, Monte Ávila editores, 1975 (ref. 17494).

influencia que ejerció sobre el exegeta –y sobre Barth– el teólogo Wilhelm Herrmann, profesor también de Marburgo, donde murió en 1922[4]. Pero nos haría retroceder al siglo XIX por lo menos y, de esa forma, acabaría por cambiar la finalidad de estas páginas. Parece más prudente preguntarse qué ocurrió entre Bultmann y Heidegger durante aquellos años veinte, y eso sí tiene una respuesta muy precisa: Heidegger asistió e intervino en el seminario sobre el Nuevo Testamento que dirigía Bultmann en el semestre de invierno de 1923–1924 y su intervención entusiasmó ya al exegeta hasta el extremo de considerarlo enteramente protestante a pesar de venir del catolicismo. El joven filósofo interpretaba la carta a los *Romanos*, capítulo 6, en el sentido de que el cristiano queda constituido por la fe en persona que obra cristianamente, valga la redundancia, y no en persona que debe actuar así (aunque, en efecto, actúe así). La fe, en otras palabras, no requiere de obras, sino que se constituye en la forma de ser del creyente, en sentido, digamos ontológico. Esto es: la fe no es ante todo una disposición intencional, sino una forma de ser en la que solo cabe existir por medio de Dios, o sea como «abandonado en Dios».

------

4 *Vid.* MOLTMANN, J., *Teología de la esperanza*, 2ª ed., Salamanca, Ediciones Sígueme, 197, pág. 64–83 (especialmente sobre el concepto de revelación). (Primera ed. alemana, *Theologie der Hoffnung*, Munich, Chr. Kaiser Verlag, 1964. Veremos que la española es traducción de la 3ª.) *Vid.* además BENJAMINS, Rick, «De creativiteit in de wereld en de werkelijkheid van God. De theologie van Gordon Kaufman in betrekking tot Wilhelm Herrmann en Rudolf Bultmann»: *Hervormde Teologiese Studies*, lix, núm. 1 (2013) 1–9, doi: 10.4102/hts.v69i1.1925. (ref. 17382); ROBINSON, N.H.G., «¿Barth or Bultmann?»: *Religious studies*, xiv (1978) 275–90 (ref. 17383). También, O'NEILL, J.C. «Bultmann and Hegel»: *The journal of theological studies*, xxi, núm. 2 (1970) 388–40 (ref. 17203). También MONTANI, P: *Antigone e la filosofia: Hegel, Kierbegaard, Holderling, Heidegger, Bultmann*, Roma, Donzelli editore, 2017 (ref. B112926).

Este planteamiento llama más la atención si se tiene en cuenta que, en su obra principal, *Ser y tiempo* (1927), Heidegger dejaría voluntariamente de lado la teología y la exégesis y orientaría su investigación hacia la fundamentación de la ontología. Pero eso no significa que se alejara de las preocupaciones de Bultmann; en realidad, lo que hizo es provocar que el exegeta se interesara por su obra. En *Ser y tiempo*, debió llamarle especialmente la atención la distinción que señalaba Heidegger entre existencia inauténtica y auténtica y, volviendo pasiva por activa, ahora fue el exegeta quien acometió la tarea de fundar la teología sobre ese planteamiento de Heidegger a partir de la convicción de que es en el mundo real en el que se proyecta la realidad de la cruz de Cristo, de manera que la existencia auténtica del ser humano es la fe en Cristo, que es lo que lo convierte en pecador perdonado. Sin ella, el ser humano se cierra al futuro y se sume en una existencia inauténtica[5].

Desde el momento en que Heidegger se mantuvo en el silencio sobre Dios que es clamoroso en *Ser y tiempo*, su trayectoria y la del exegeta parecen separarse por más que Bultmann insistiera años después en que su base filosófica era la de aquel[6]. En realidad, en la fase inmediatamente anterior a *Ser y tiempo* (1927), Heidegger no había rechazado sin más a Dios, sino la idea de Dios sostenida por los cristianos en lo que podemos llamar la concepción del propio cristianismo como «ideología», o sea

---

5 *Cfr.* CAMILLERI, Sylvain, «Heidegger y Bultmann: En el principio era la exégesis»: *Aporía: Revista internacional de investigaciones filosóficas*, núm. 2 especial (2019) 62–77 (ref. 17225); CHAPA, J, «La antropología teológica de Rudolf Bultmann»: *Scripta theologica*, xxxvi, núm. 1 (2004) 231–57, doi.org/10.15581/006.36.13819 (ref. 17372).

6 En este sentido, con muchos matices, ROLDÁN, Alberto F., «La fe como evento existencial–escatológico en el pensamiento de Rudolf Bultmann: De la filosofía de Martín Heidegger al planteo teológico»: *Franciscanum: Revista de ciencias del espíritu*, lv, núm. 160 (2013) 165–194 (ref. 17224).

JOSÉ ANDRÉS–GALLEGO

forma de pensar en la que uno se aliena para evitar la lucha por la vida en que consiste la existencia humana[7]. En Nietzsche, eso había implicado declarar la muerte de la metafísica entendida como soporte explicativo de todo lo demás y, por tanto, como base de una ontoteología. Suponía poner de manifiesto que, si el fundamento de la ciencia y de la religión es el *logos*, que asegura la salvación, la salvación consiste al final en pura técnica que lleva a optar por la quietud, anula la posibilidad de cambiar y, por tanto, de mejorar. O eso o acaba en pura contradicción, y esta, en una opción nihilista que aboca a dejar de hacerse preguntas sobre la verdad y, por tanto, da la prioridad a un conocimiento puramente pragmático. Y, en esto, Heidegger no entraba; se limitaba a denunciar el olvido del ser, o sea la ontología. La postura de Nietzsche suponía negar la metafísica, y eso solo parecía dejar una salida: basarla en la subjetividad, lo cual, al requerir la existencia de un sujeto, conducía al singular antropocentrismo a que había llegado el idealismo alemán; lo esencial en el hombre ya no era la naturaleza (en sentido metafísico), sino su encarnación en el espíritu hasta el punto de justificar su dominio sin límites sobre todo lo demás. Era lo absoluto de ese dominio lo que llevaba a atribuirle una infinita capacidad de crecimiento científico y desarrollo tecnológico, que se presentaría por tanto como algo que se justificaba en sí mismo y se imponía a todo lo existente, incluido cualquier canon moral. Así, la profecía de Heidegger sobre el futuro antropológico de la técnica, de la que pensaba que iba a cambiar constitutivamente a los seres humanos, venía a ser consecuencia de la contradicción en

7 *Vid.* ESPERÓN, Juan Pablo E., «Nihilismo y diferencia de fuerzas: La interpretación deleuziana de la filosofía de Nietzsche como modo alternativo a la metafísica occidental para comprender la realidad»: *Nuevo itinerario*, viii, núm. 8 (2013) 39–45 (ref. 17244); también RAMETTA, Gaetano, «Naturaleza y espíritu en la filosofía clásica alemana»: *Quaderns de filosofía*, i, num. 1 (2014) 56–58 (ref. 17243).

que había caído Hegel al elaborar una filosofía de la subjetividad que se afirmaba como filosofía de lo absoluto. Por este camino, pensaba Heidegger, el propio idealismo se abocaba al nihilismo y se perdía «lo real».

Sabemos bien cuál fue la solución que buscó y expuso en *Ser y tiempo*: volver al realismo ontológico despojado de cualquier pretensión a ver en él un fundamento trascendente, en lo que enseguida se interpretó como un ateísmo por lo menos metodológico. Para él, «ser–en–el–mundo» era una modalidad existencial de «ser–en» (*Dasein*) que consistía en hallarse a sí mismo ya arrojado en el propio mundo y con un cierto conocimiento de sí y de su entorno.

De momento digamos que, en 1968, el joven Joseph Ratzinger negaba la mayor: reconocía el peligro de la técnica convertida en norma de vida, pero defendía el carácter cognoscitivo de la fe y, por lo tanto, la posibilidad de trascender cognoscitivamente lo histórico. Recordaba la contraposición que establecía Heidegger entre el pensamiento aritmético y el conceptual, pero insistía en la necesidad y la legitimidad de ambos. La clave estaba, según él, en que ninguno de ellos se disolviera en el otro. Hacía falta que existieran los dos: el razonamiento aritmético, que explica la factibilidad, y el pensamiento conceptual, que apunta a comprender, no a medir.

Daba a Heidegger la razón, en consecuencia, sobre el peligro de que la gente dejara de pensar conceptualmente a la hora de decidir sobre sí misma y los demás «en el tiempo en que el pensar celebra su triunfo extraordinario». Pero salía abiertamente en defensa de la fe como «actitud intelectual que existe como propia y autónoma junto al saber factible» sin deducirse de él ni referirse tampoco a él. Tomar decisiones fundamentales «solo puede hacerse en forma de fe. […] Todo ser humano tiene que "creer" de algún modo», y eso, además, tal como lo había entendido el filósofo: «Con palabras de Heidegger, podemos afirmar que la fe supone un "viraje" de todo el hombre que estructura permanentemente la existencia posterior». La fe implica *conversión, viraje de la existencia y cambio del ser*[8].

El «viraje» que entrecomilla Ratzinger en 1968 no es la *Kehre* de Heidegger de que hablan sus biógrafos y estudiosos para referirse al cambio de orientación que consumó en los años cuarenta o, si lo es, se trata de dos formas sucesivas de explicar ese "viraje". Tras la experiencia de la segunda guerra mundial y de su relación con Hitler y la relectura que había hecho de Nietzsche en aquellos años, Heidegger había dejado de referirse a una mera sucesión de seres finitos contingentes e históricos; ahora hablaba de un ser con historia, es decir: del ser, que se va manifestando en la historia de diversas maneras, de suerte que lo que cabe –después del horror del nazismo– es esperar a que el ser se manifieste nuevamente, pero de una manera mejor[9] . Desde 1946–1947 y, sobre todo, en los últimos años de su vida, no hablaba ya, como en *Ser y tiempo*, del ser finito como lo único existente, que se manifiesta en el tiempo como esencialmente finito y sólo da continuidad a la historia en la medida en que se transmite, de unos seres a otros, una memoria ekstática, que es lo que trasciende la nada a que aboca la muerte. (La memoria es ekstática, recordemos, en la medida en que su existencia consiste en ser pensada y, por lo tanto, depende de que haya seres

---

8 *Introducción al cristianismo*, 64.

9 Son esclarecedoras al respecto las páginas de BARASH, Jeffrey Andrew: «Martin Heidegger in the perspective of the twentieth century: Reflections on the Heidegger *Gesamtausgabe*»: *The journal of modern history*, lxiv (1992), 52–78 (ref. 17296). Pero también FARÍAS, Víctor: *Heidegger y el nazismo*, Barcelona, Muchnik Editores, 1989 (ref. 6360); el libro de Farías se publicó inicialmente en francés, en 1987; pero la edición castellana tiene el añadido de un prólogo donde responde al debate que suscitó.

vivos que la mantengan de igual forma, viva[10].) Ahora parecía admitir que el ser por excelencia –el que trasciende al propia hombre– existe y puede tomar iniciativas[11]. Esta es la *Kehre* de que hablan los expertos y consideran insinuada en la *Carta sobre el humanismo* (1946).

Al hablar de *die Kehre*, Heidegger no habla de esto, sino del "viraje" que supone considerar la persona como *Dasein* («ser en», o «ser ahí»), porque ese «ahí» (*da*, en alemán) cambia continuamente y, con él, el propio ser (*sein*), el ser humano. Él mismo tituló de ese modo, *Die Kehre*, la conferencia pronunciada en Bremen antes de que acabase 1949 y publicada en 1962 en el opúsculo *La técnica y el giro*[12]. En ella señalaba que ese giro que implica considerar al ser humano como *Dasein* supone vincularlo al hecho de que «ahí» halla elementos concretos que le permiten desarrollarse a sí mismo en el sentido de ampliar su capacidad de acción, o sea como «técnica». Y esto lo que reorienta Ratzinger al advertir que el «giro» que supone la continua y total adecuación al «ahí» de cada momento abre el *Dasein* a «los demás» –los demás concretos que están «ahí», «en» la circunstancia en que se encuentra cada persona ahora y hoy. Es un giro, por

---

10 *Vid.* WHITING, Jennifer, «Love: Self–propagation, self–presevation, or «ekstasis»?»: *Canadian Journal of philosophy*, xliii, núm. 4 (2013) 403–429 (ref. 17379).

11 GÓMEZ PÉREZ, Rafael, que ha hecho una profunda y muy útil lectura de este texto mío, me recuerda lo que dijo el propio Heidegger en una entrevista mantenida el 23 de septiembre de 1966 y publicada a raíz de la muerte del filósofo por Rudolf Augtein, «Nur noch ein Gott kann uns retten»: *Der Spiegel* (31 de mayo de 1976) 193–219 (ref. 17378).

12 *Die Technik und die Kehre,* Munich, Verlag Günther Neske, 1962, traducido al inglés en 1971 como «The Turning»: *Research to Phenomenology*, I (1971) 2–46 (ref. 17202). *Vid.* el estado de la cuestión de ESPERÓN, Juan Pablo E., «Heidegger y la cuentión de la *Kehre*: Un panorama sobre el estado del arte»: *Stromata*, liv, núm. 2 (2018) 69–75 (ref. 17201).

ello, que aboca por sí mismo al sentido radical de la vida como apertura a otro u otros. Ve por lo tanto al ser humano como «ser–ahí–para–otro», el totalmente otro que es Dios y, por Dios, el hombre es «ser–ahí–para–otros». Esos otros concretos son aquellos a los que cada ser humano es accesible –y se hace accesible– realmente en cada momento, o sea carnalmente (Ratzinger diría «corporalmente» y se vería obligado a recordar que el espíritu da vida a la materia de la que está hecha el cuerpo).

Esta reconsideración del *Dasein* tiene una enorme trascencencia; porque, si el «ser–ahí» es la forma insoslayable de ser humano, la de «ser–ahí–para–otros» es una condición inevitable. Dicho a mi modo, no es que busquemos compañía, sino que somos constitutivamente «acompañantes», interrelacionales, continuamente receptores y donantes de realidad. Ahora con el apoyo de san Pablo, advierte Ratzinger que, por ese camino, podemos mantenernos en la estirpe de Adán o en la del nuevo Adán que es Jesucristo, y, de este modo, hacer que nuestro «acompañamiento» suponga asumir el pasado y afrontar el futuro de la entera humanidad. Y es esta disyuntiva la que nos resuelve –a cada momento– la fe[13].

Recordemos ahora lo que dijimos al principio, y es que la negación nietzscheana de la metafísica solo parecía dejar una salida: basarla en la subjetividad. Ahora, con el planteamiento de Ratzinger, me atrevería a afirmar que el que se presenta como el sujeto por excelencia es Dios. De hecho, la *Kehre* heideggeriana consumada en 1946 en la *Carta sobre el humanismo* sería interpretada así por más de uno. Tras la relectura de Nietzsche

---

13 Sería enojoso detallar por qué esta interpretación de Ratzinger no es exactamente la misma que propone LAM, Joseph Cong Q., «Athens and Jerusalem: Christian philosophy according to Ratzinger»: *Heythrop Journal,* lxi, núm. 6 (2015) 948–957 (ref. 17400), a quien, con todo, sigo de cerca en este párrafo.

que Heidegger había hecho desde 1935 y la experiencia de la segunda guerra mundial y de su colaboración con Hitler, el filósofo había dejado de referirse a una mera sucesión de seres finitos contingentes e históricos; ahora hablaba de un ser con historia, es decir: del ser, que se va manifestando en la historia de diversas maneras, de suerte que lo que cabe –después del horror de Hitler– es esperar a que el ser se manifieste nuevamente, pero de una manera mejor[14]. Desde 1946–1947 y, sobre todo, en los últimos años de su vida, no hablaba ya, como en *Ser y tiempo*, del ser finito como lo único existente, que se manifiesta en el tiempo como esencialmente finito y sólo da continuidad a la historia en la medida en que se transmite, de unos seres a otros, una memoria ekstática, que es lo que trasciende la nada a que aboca la muerte. (La memoria es ekstática, recordemos, en la medida en que su existencia consiste en ser pensada y, por lo tanto, depende de que haya seres vivos que la mantengan de igual forma, viva[15].) Ahora parecía admitir que el ser por excelencia –el que trasciende al propio hombre– existe y puede tomar iniciativas[16]. No tardaría en acusarle Habermas de que era

---

14 Son esclarecedoras al respecto las páginas de BARASH, Jeffrey Andrew: «Martin Heidegger in the perspective of the twentieth century: Reflections on the Heidegger *Gesamtausgabe*»: *The journal of modern history*, lxiv (1992), 52–78 (ref. 17296). Pero también FARÍAS, Víctor: *Heidegger y el nazismo*, Barcelona, Muchnik Editores, 1989 (ref. 6360); el libro de Farías se publicó inicialmente en francés, en 1987; pero la edición castellana tiene el añadido de un prólogo donde responde al debate que suscitó.

15 *Vid.* WHITING, Jennifer, «Love: Self–propagation, self–presevation, or «ekstasis»?»: *Canadian Journal of philosophy*, xliii, núm. 4 (2013) 403–429 (ref. 17379).

16 Rafael Gómez Pérez, que ha hecho una profunda y muy útil lectura de este texto mío, me recuerda lo que dijo el propio Heidegger en una entrevista mantenida el 23 de septiembre de 1966 y publicada a raíz de la muerte del

un cristiano que no se atrevía a declararse tal y tener que pedir perdón por su adhesión a Hitler[17].

Heidegger, Bonhoeffer y el nazismo

Y el caso es que la irrupción de la subjetividad entendida como manera de abrir la ontología de Heidegger a un futuro infinito se había adelantado a la *Kehre* del filósofo por una vía especialísima (si entiendo bien alguna de las principales intuiciones de Dietrich Bonhoeffer, fallecido en 1945).

El lector ya habrá adivinado que, con esto, ya no hablo solo de Heidegger y Marx, para entender el giro epistemológico observado por Ratzinger en Tubinga hacia 1966–1967. Pues bien, lo hago por la sencilla razón de que la propia *Introducción al cristianismo* lo exige. Ella es la que ya me ha llevado a hablar de Bultmann y me sitúa ahora ante Bonhoeffer como después me llevará a referirme a otros teólogos y filósofos.

filósofo por Rudolf Augtein, «Nur noch ein Gott kann uns retten»: *Der Spiegel* (31 de mayo de 1976) 193–219 (ref. 17378).

17 Sobre todo a partir de la reseña de HABERMAS, J., "Mit Heidegger gegen Heidegger denken: zur Veröffentlichung von Vorlesungen aus dem Jahre 1935": *Frankfurter Allgemeine Zeitung*, xxvii, núm. 170 (25 de julio de 1953), 5ss, y su desarrollo en "Martin Heidegger: Zur Veröffentlichung von Vorlesungen aus dem Jahre 1935", en *Philosophisch–Politische Profile*, Frankfort a.M., Suhrkamp, 1971, pág. 67–92 (reed. en inglés como "Martin Heidegger: On the publication of lectures from the year 1935": *Graduate Faculty Philosophy Journal*, vi, num. 2 [1977] 155–180, https://doi.org/10.5840/gfpj1977621 (ref. 18157).

Bonhoeffer había intentado comprender la revelación como una realidad completamente autónoma[18]. Se trataba, en definitiva, de entender la estructura de la Iglesia de Cristo en perspectiva de filosofía social y de sociología: como realidad dada, revelada en el propio Cristo en cuanto encarnado –él mismo, Jesucristo– en una comunidad existente en el mundo que, por tanto, se presenta –ella misma, la Iglesia– como Cristo real en el mundo. La revelación es el Cristo carnal e histórico (un Cristo al que se puede agarrar, asir, aunque esto suene un tanto burdo) y a un Cristo así se le puede conocer fenomenológicamente. Esa tangibilidad sensible de Cristo es la que permite creer en él y esperar en él. Bonhoeffer, dicho de otra manera, introduce a Dios en la ontología de *Ser y tiempo*.

Por lo mismo, la Iglesia es, así, el lugar donde se comprende el «ser–en» (*Dasein*) por antonomasia, o sea el ser humano, porque su verdad sobre sí mismo no la puede alcanzar ningún hombre o mujer por sí solo; le tiene que ser revelada; le es revelada. Y eso ocurre en la Iglesia.

Más todavía: es la proclamación de la muerte y resurrección de Jesucristo por parte de la comunidad de fe que es la Iglesia lo que constituye la propia Iglesia según Bonhoeffer[19]. La revelación es, por tanto, la proclamación de una realidad presente, de una presencia real actual.

Atención al carácter cósmico de todo eso; ya no trata de la existencia de Cristo y de la Iglesia, sino de la de todo lo demás.

---

18 Sobre lo que sigue, DE KEIJZER, Josh, «Revelation as being: Bonhoeffer's appropiation of Heidegger's ontology»: *Journal of religion*, xcviii, núm. 3 (2018) 350–366 (ref. 16316g).

19 *Vid.* DREHER, Martin N., «Redescubriendo la teología de la cruz de Martín Lutero en el contexto de la teología de la liberación»: *Revista Espiga*, xvi, núm. 33 (2017) 61–73 (ref. 27211).

La persona de Cristo es el punto donde se unen las vías trascendental y ontológica que conducen al conocimiento. Cosa, por cierto, que parece asumir el joven Ratzinger para advertir, no obstante, que «los reformadores» (del siglo XVI, los protestantes, entiendo) no lo vieron de ese modo: «la teología de la cruz no acepta la ontología», escribe Ratzinger de la de esos reformadores; «prefiere hablar de acontecimiento [...]; así continúa el testimonio inicial, que no se preocupaba por el ser, sino por la obra de Dios en la cruz y en la resurrección, en la que Jesús destruyó la muerte y se reveló como señor y esperanza de la humanidad».

Dicho nuevamente a mi modo, Bonhoeffer no solo mete a Dios en la ontología de *Ser y tiempo*, sino también a Lutero al interpretar esa teología suya de la cruz ontológicamente. Solo que *Por eso* —deduce Ratzinger— *una cristología del ser y de la encarnación, rectamente comprendida, debiera pasar a la teología de la cruz e identificarse con ella y, también en sentido inverso, una teología de la cruz justamente apreciada debería convertirse en cristología del Hijo y en cristología del ser*[20] y, por tanto, en ontoteología, me atrevo a deducir. Sin ponerlo de manifiesto, Ratzinger amplía de esta manera la recuperación de la teología de la cruz que proponía Bonhoeffer, quien, a su vez, había recobrado la ontología del primer Heidegger para la teología.

Ratzinger aún iba más allá, no obstante: señalaba el viernes santo como el día de la muerte de Dios, el día que expresa la inaudita experiencia de nuestro tiempo, el día que nos habla de la ausencia de Dios, el día en que Dios está bajo tierra, ya no se

---

20 *Introducción al cristianismo*, 196–197. Desde aquí, pondré en bastardilla las citas que no sean textuales, en las que parafraseo lo que escribe el autor para adecuarlo mejor a lo demás desde el punto de vista estilístico.

levanta ni habla; ya no es preciso discutir con él; basta simplemente pasar por encima de él. «Dios ha muerto; hemos matado
a Dios».

El teólogo de Tubinga no rechaza, por tanto, esa realidad; lo
que hace es apropiársela como herencia común de todos los
cristianos. *La frase de Nietzsche* –sigue Ratzinger sobre la afirmación de que Dios ha muerto– *pertenece lingüísticamente a la tradición
de la devoción cristiana a la pasión; expresa el contenido del sábado santo,
el «descendimiento» a los infiernos*[21].

En suma, Bonhoeffer había intentado recuperar la teología
de la cruz de Lutero, y Ratzinger convergía con ese intento, solo
que lo ampliaba en el sentido que acabamos de ver, el de enlazar
teología de la cruz y ontología. Añadamos ahora que la relación
de la propuesta de Bonhoeffer con la de Heidegger era analó-
gica; el filósofo había pretendido elaborar una ontología de la
que se siguiera una epistemología, en tanto que Bonhoeffer
identificaba teología y epistemología teológica de tal modo que
la objetivación de la revelación era imposible; requeriría objeti-
var a Dios mismo, y Dios no puede ser convertido en concepto
universal; es irrepetible e infinito y sabemos muy poco de él.

En el planteamiento de Heidegger, por la misma razón, la
revelación no sería factible. De este otro modo –el de Bonhoeffer– la ontología venía a ser reemplazada por la cristología y,
en consecuencia, el «ser–en» (*Dasein*) no se veía abocado a la
muerte, sino a la vida y, cognoscitivamente, a la permanente posibilidad de saber más.

---

21 *Ibidem*, 256–7.

La crisis eclesiológica que supuso el nazismo en el luteranismo

Que, a partir de aquí, Bonhoeffer llegara a valorar la posibilidad –positiva– de un cristianismo sin religión, como vamos a ver, no puede comprenderse sin contar con lo que supuso para él la llegada de Hitler al gobierno de Alemania en 1933. En *Sobre la autoridad secular* (1523), Lutero había recordado el deber de obedecer a quien ejerce la autoridad, sea quien fuere, porque la autoridad procede de Dios[22]. Tenía que ver con los cuatro mandatos divinos que él mismo había identificado como pilares de toda comunidad: trabajar; casarse, crear y mantener una familia, gobernar y ser gobernado, y formar parte de la Iglesia[23], y esto implicaba por tanto relacionar los criterios políticos con la doctrina de la justificación por la fe.

Sobre estas bases, Lutero había ido adecuando sus principios políticos a las distintas circunstancias por las que se hizo realidad la Reforma protestante. No se puede hablar, por lo tanto, de una doctrina política luterana nítidamente definida. Pero, entrado el siglo XX, el teólogo calvinista Karl Barth había llegado a elaborar una doctrina de los dos reinos (*Zwei Reiche Lehre*) de la que se valdría su amigo Bonhoeffer como punto de partida para su propia reflexión sobre la situación creada por el nazismo. Podía decirse que hay un reino que es el de los hijos de Adán y otro reino de quienes pertenecen a este mundo, y cada uno de los cristianos se suma a uno o a otro según cómo responda a la

---

22 «Sobre la autoridad secular: Hasta dónde se le debe obediencia», en LUTERO, Martín: *Escritos políticos*, Madrid, Tecnos, 1986. También, CORRAL TALZIANI, Hernán F., «Lutero y su influencia en el pensamiento jurídico»: *Anales de la Fundación Francisco Elías de Tejada*, xxiii (2017) 11–22 (ref. 17398).

23 *Vid.* CENTENERA SÁNCHEZ–SECO, Fernando, «Tiranía y tiranicidio en Francia»: *Tiempos modernos*, xxi, núm. 2 (2010) 2 (ref. 17227).

llamada de Cristo. Los hijos de Adán intentarán vivir conforme al Sermón de la Montaña y a las Bienaventuranzas; los del mundo tendrán que someterse por lo menos a los Diez Mandamientos, y eso por ley. El reino de los hijos de Adán no se regirá, por tanto, por leyes, sino por el amor que Dios nos tiene y nos atrae hacia él. La ley es cosa del reino del mundo. A la autoridad política corresponde, por tanto, el empleo del poder coactivo que haga posible esa dualidad. La Iglesia, en consecuencia, como reino de los hijos de Adán que siguen el Sermón de la Montaña, debe ser protegida por quien gobierne el reino del mundo[24].

A esto había añadido Karl Barth varias consideraciones de Calvino que le condujeron a disentir no solo de Lutero, sino también del propio Calvino en el sentido de reforzar la relación entre ambos reinos y la estrecha vinculación con Cristo que correspondía también al gobierno civil. Desde el punto de vista de Barth, el luteranismo –al relegar esta vinculación a un segundo plano– había preparado el camino al paganismo germano; le había permitido crearse una suerte de esfera sagrada que no entorpecía la función del evangelio en la Iglesia luterana, y eso no tenía sentido a su entender; el evangelio también tenía que empapar la ley civil y viceversa[25].

---

24 *Vid.* WHITFORD, David M., «Cura Religionis or Two Kingdoms: The late Luther on Religion and the State in the Lectures on Genesis»: *Church history,* lxxiii, núm. 1 (2004) 41–62 (ref. 17391).

25 *Cfr.* COUENHOVEN, Jesse, «Law and Gospel, or the Law of the Gospel? Karla Barth's political theology compared with Luther and Calvin»: *The journal of religioues ethics,* xxx, núm. 2 (2000) 181–205 (ref. 17386). Del mismo, «Grace as perdon and power: Pictures of the Christian life in Luther, Calvin, and Barth»: *ibidem,* xxviii, núm. 1 (2000) 63–88 (ref. 17390). También MARTIN SCHNEIDER, Thomas: «Die Deutsche Christen und ihre Rassentheologie», en *Das Eisenacher "Entjudunginstitut": Kirche und Antisemitismus in der*

Todo eso se veía más claro en 1945, cuando el nazismo acababa de derrumbarse. En 1933 sin embargo, cuando Hitler llegó al poder, lo que eso suponía era que un pastor luterano como Bonhoeffer tenía que predicar y practicar la obediencia al poder civil y dar ejemplo con su propio compromiso formal y personal de serle leal, y hete aquí que, en los primeros meses de llegar al Gobierno, entre marzo y agosto, Hitler hizo aprobar sucesivamente una ley sobre represión de la deslealtad al estado, otra donde se suspendía la constitución en vigor para darse plenos poderes a sí mismo y la ley de reorganización de la administración civil que contenía el llamado «párrafo ario», rotundamente discriminatorio desde el punto de vista racial. Con un grave añadido que llamó especialmente la atención de Bonhoeffer, y es que la Iglesia Alemana, como la propia del estado alemán, no podía bautizar a hebreos cristianos. Todo eso le parecía inadmisible y, al mismo tiempo, ineludible si tenía que ser leal a la autoridad constituida como recordaba san Pablo.

Sucedió, además, lo peor (porque ya no iba a afectar solamente al precepto paulino, sino porque, además, iba a obligar a preguntarse si la Iglesia luterana era la verdadera Iglesia, la de Cristo), y es que la mayoría de los pastores de la Iglesia Cristiana Alemana (la Iglesia evangélica de la Antigua Unión Prusiana) acató todas esas leyes de Hitler y las que seguirían. Hubo algunos luteranos que, en la estela de Harnack (†1930), propondrían incluso que se eliminara el Antiguo Testamento –o sea la historia de los judíos– del canon de la Sagrada Escritura. Venían discutiendo sobre ello y otras cosas desde hacía algunos años y, en 1927, por iniciativa de algunos cristianos nazis, se había llegado a constituir el «Movimiento Eclesial de los Cristianos Alemanes» (*Kirchenbewegung Deutsche Christen*). Se trataba de conciliar

---

NS–Zeit, ed. *Christopher Spehr y Harry Oelke*, Gotinga, Vandenhoeck & Ruprecht, 2021, pág. 83–98. Empleo en 2024 la versión adelantada por Schneider en https://tobias–lib.ub.uni–tuebingen.de (ref. 17213).

cristianismo y nazismo y se planteaban incluso la probabilidad de que Jesucristo fuese ario y no hebreo; dudaban de que existiera el pecado original y criticaban el pacifismo cristiano en la medida en que podía ser obstáculo para la recuperación de Alemania.

Más aún: había pastores luteranos y seglares especialmente activos en la Iglesia a quienes todo eso les parecía poco; había que lograr que la Iglesia Luterana Alemana formase parte del movimiento nazi de manera más íntima, más estrecha; constituyeron para eso en 1932 el «Movimiento de la Fe Cristiana Alemana» (*Glaubensbewegung Deutsche Christen*) y, con el apoyo del propio Hitler, consiguieron ganar las elecciones intraeclesiásticas de la Antigua Unión Prusiana en julio de 1933. Luego, entre 1933 y 1936, fueron copando una gran parte de los decanatos y las cátedras y hasta los rectorados en las facultades de teología alemana y pasaron a trabajar en ellas en la elaboración de un cristianismo ario, «desjudaizado» por completo[26].

En 1934, los disidentes de todo esto habían constituido la Iglesia Confesante (*Bekennende Kirche*), en la que se mantuvo en adelante Bonhoeffer al mismo tiempo en que reflexionaba sobre el problema moral que todo eso suponía y llegaba a la postre a revisar el pensamiento político de Lutero: a revisarlo y a predicar

---

26 *Cfr.* HESCHEL, Susannah, «Nazifying Christian Theology: Walter Grundmann and the Institute for the Study and Eradication of Jewish Influence on German Church Life»: *Church history*, lxiii, núm. 4 (1994) 587–605 (ref. 17385). También, JEANROND, Werner G.: «From resistance to liberation theology: German theologians and the Non/Resistance to the National Socialist regime»: *Journal of modern history*, lxiv, supl. (1992), 187–203 (ref. 4061).

sobre él y a elaborar, sobre esos sermones, *Nachfolge* («Seguimiento»[27]), libro que se publicó en 1937 y aún contó con una segunda edición en 1940, permitida por tanto por el Gobierno nazi.

¿Hacia un cristianismo sin religión?

Nachfolge es una exhortación a seguir a Jesucristo fielmente; pero, aunque no fuera el objeto principal de la obra, contenía una crítica explícita de la Iglesia luterana alemana, a la que acusaba de administrar lo que llamó Bonhoeffer una «gracia barata» al aplicar la doctrina de la justificación por la fe. Y eso venía de mucho antes de que Hitler triunfara: no tenía sentido la penitencia, no hacía falta confesar los pecados… –recordaba Bonhoeffer– y era verdad que no había que quedarse en esas y otras «mediaciones» que se mantenían en el antiguo cristianismo y ahora en la Iglesia católica como si fuesen «obras» concretas necesarias para salvarse; pero tampoco podía olvidarse que ser cristiano suponía constituir una comunidad nueva, viva, lejos de hacer lo que todos los demás, y que, sin la práctica ascética – advertía explícitamente el teólogo luterano–, difícilmente cabía seguir a Cristo.

Eso afectaba también a quienes ejercían la autoridad civil, seguía Bonhoeffer. Los gobernantes civiles habían conseguido que los ciudadanos de las distintas confesiones pudieran ser obligados a prestar un juramento de lealtad a esa otra autoridad, pero le parecía evidente que eso solo se podía exigir cuando la

---

27 BONHOEFFER, Dietrich, *Nachfolge. Nachgedruck auf Veranlassung der Kriegsgefangenenhilfe des Weltbundes der christlichen Vereine junger männer*, Munich, Chr. Kaiser Verlag, 1937. La primera traducción española lleva otro título: *El precio de la gracia: El seguimiento*, Salamanca, Ediciones Sígueme, 1968 (ref. 17392).

gente tuviera completamente clara la rectitud de lo que se le iba a imponer desde el gobierno.

Hay que decir que no todos los miembros de la Iglesia Confesante pensaban así. Todos estaban de acuerdo en reivindicar la autonomía de la Iglesia respecto de la autoridad civil, en especial en relación con las leyes raciales. Pero no pocos de ellos insistían en que no se trataba de oponerse sistemáticamente a todo lo que les pareciera mal. Había que discernir en función de las circunstancias y no dar la impresión de una oposición sistemática a todo lo que viniera del nazismo. Al final, la debilitación de la Iglesia Confesante, tanto en número como en actitud de disentir, convenció a Bonhoeffer de que el único remedio era matar a Hitler y se puso a disposición del grupo de personas que trabajaban para ello en el *Abwehr* («Defensa»), que era el servicio de inteligencia del ejército alemán[28]. Los descubrieron y, en 1945, Bonhoeffer fue ahorcado en la prisión donde se hallaba.

Precisamente porque no había visto todo eso como mero derrumbamiento institucional de la Iglesia, sino como una perversión ética que amenazaba con ser constitutiva de la propia Iglesia de que formaba parte, es en la evolución del pensamiento ético de Bonhoeffer a lo largo de esos años donde se aprecia el cambio que supone mantener la justificación por la fe y la condición de obedecer la ley (y no tan solo la de Dios) para obtener, del propio Dios, la gracia, al mismo tiempo en que se asume la responsabilidad de ayudar a los que sufren. Pero ayudarlos hasta convencerse de que es legítimo no ya matar al tirano, sino matarse a sí mismo por el bien de los demás, y todo en perspectiva cristológica, que él prefirió llamar «cristonomía». Con sus propias palabras, Bonhoeffer pasó a expresar la encarnación,

---

28 *Vid.* CAMPBELL, Kenneth J., «Dietrich Bonhoefer: The reverend was a spy» *American Intelligence Journal*, xxxi, núm. 2 (2003) 143–149 (ref. 17377).

muerte y resurrección de Jesucristo como la «penúltima instancia», que lo es porque no solo deja en pie la posibilidad del mal, sino que obliga a discernir entre bien y bien y entre mal y mal con la conciencia de que el error de nuestras opciones no es lo que lo que nos condena en vez de salvarnos en la «última» instancia, que es la del fin del mundo y el juicio final; en esa última instancia, el que nos salva es Dios, su gracia, no nuestro acierto (o sea nuestras «obras»[29]).

Si a eso se añade la afirmación de que Cristo vive en la Iglesia, es Cristo mismo quien queda entre la espada y la pared, por así decir, en el tiempo que falta entre lo «penúltimo» y lo «último», y es justo ese protagonismo mantenido por Cristo el que lleva a Bonhoeffer a entender nuestro comportamiento debido en la vida mortal –o sea nuestra «praxis»– como *imitatio Christi*. Es, claro está, imitación de quien murió por todos, incluidos los pecadores, y de aquel que sufre en presente en la misma medida en que participa en la vida del mundo, aunque este mundo se presintiera entonces –durante la segunda guerra mundial– como un mundo sin Dios. Jesús, pese a ello, se mantendría siempre en él como revelación encarnada de Dios, el Dios vivo y sufriente que se deja matar, o sea –en este sentido– se hace «penúltimo».

---

29 *Vid.* TRAVIS MCMAKEN, W., «The ultimate and the penultimate: Bonhoeffer's two–fold contextualism and adjudicating betwwen competing ethical claims»; *Journal for cultural and religious theory*, xx, núm. 1 (2020–2021) 93–123 (ref.16316). También, RAYSON, Dianne, en una curiosa proyección del problema ético de Bonhoeffer sobre la política norteamericana del momento en que escribió su artículo y, entre otras cosas, sobre la justificación del aborto: «From pacifism to tyrannicide: Considering Bonhoeffer's ethics for the Anthropocene»: *Journal of the academic study of religion*, xxxiii, núm. 3 (2020) 244–64 (ref. 16316e)

Quizá se hacía eco Ratzinger de esta idea en *Introducción al cristianismo* al calificar la obra humana como «grandeza penúltima», con la que «expresamos su íntima liberación: la actividad humana sólo puede realizarse en la tranquilidad, en la libertad que conviene a lo penúltimo» y que será resuelta a lo «último» por Dios[30]. A nosotros solo nos queda actuar con rectitud –entiendo que de intención–, y eso siempre requiere contar con el contexto, la circunstancia a la que se responde justamente con eso que se intenta, o sea discernir. (Bonhoeffer rechaza expresamente el casuismo católico de los años en que escribe.) La imitación de Cristo puede llevar, por tanto, a (nada menos que) una teología de la resistencia, que es lo que fue en principio la teología política de Moltmann y de Metz ya en los años sesenta[31], sobre la que ahora volveremos.

Ratzinger no aborda esa cuestión –la de la resistencia así entendida – en *Introducción al cristianismo*. Pero la verdad es que el problema de conciencia que Bonhoeffer tuvo que resolver para optar por ese camino era difícilmente comprensible desde el punto de vista católico, en el que la licitud del tiranicidio se mantenía como doctrina común en los días del teólogo luterano y también en los del Ratzinger de Tubinga[32].

El problema de conciencia del teólogo luterano había dado lugar a la rica correspondencia que mantuvo desde la prisión

---

30 *Introducción al cristianismo*, 232.

31 Según WIEDERSHEIM, Keith Andrew, «Ideology, praxis and his influence in theology of liberation»: *Political theology*, xxiii, núm. 8 (2022) 721–38 (ref. 16316c), que, en este punto, remite a Christiane Tietz.

32 *Vid.* GUMPEL, Peter «Church of spies: The pope's secret war against Hitler by Marx Riebling»: *Archivum Historiae Pontificiae*, 1 (2012) 256 (ref. 17399).

con diversas personas al tiempo que anotaba lo que iba concluyendo en su reflexión teológica. Y fueron esos textos los que afloraron en los años cincuenta del siglo XX y –en Tubinga como en otros muchos lugares– en los años sesenta. Afloraron para tamizar la influencia de Heidegger en aquella universidad de que hablaba Ratzinger en *Sobre mi vida*.

Esos escritos habían comenzado a publicarse en 1949, con la aparición de la *Ética* de Bonhoeffer; sus cartas y apuntes de la prisión lo harían en 1951, cuando decidió darlos a conocer su amigo y corresponsal –y también teólogo– Eberhard Bethge en un libro que el mismo Bethge tituló *Resistencia y sumisión*[33], y se difundieron enormemente en las dos siguientes décadas. Marcaron desde luego el existencialismo teológico alemán que tomó tanta fuerza tras el concilio Vaticano II e influyeron de manera casi indistinta entre católicos como Johann Baptist Metz y protestantes como Jürgen Moltmann.

Se trata de un conjunto documental con propuestas claramente rupturistas, muy escuetas sin embargo, de manera que el sentido de algunas es aún objeto de debate[34]. Así, en *Teología del mundo*, Metz dice que Bonhoeffer profetizó a su modo «la desprivatización del autoenunciado cristiano»[35] y, en la cita que hace

---

33 *Widerstand und Ergebung die Briefe und Aufzeichnungen aus der Haft*, Munich, Chr. Kaiser Verlag, 1951. Versión española, *Resistencia y sumisión: Cartas y apuntes desde el cautiverio*, ed. Eberhard Bethge, Salamanca, Ediciones Sígueme, 2001 (ref. 17221).

34 *Vid*. CHANDLER, Andrew: «The Quest for the Historical Dietrich Bonhoeffer»: *Journal of ecclesiastical history*, liv, núm. 1 (2003), 89–96, doi:10.1017/S0022046902004839 (ref. Unav)

35 *Teología del mundo*, 2ª ed., Salamanca, Ediciones Sígueme, 1971, pág. 168–9. *Ibidem*, la cita de Bonhoeffer que sigue. La 1ª ed. Alemana del libro de Metz, *Theologie des Welt*, Maguncia y Munich, Mathias–Grünewald Verlag & Chr. Kaiser Verlag, 1968 (ref. 17230).

de *Resistencia y sumisión*, lo que dice Bonhoeffer es esto: «No nos toca a nosotros predecir el día –pero este día vendrá– en que de nuevo habrá hombres llamados a pronunciar la Palabra de Dios de tal modo que el mundo será transformado y renovado por ella. Será un lenguaje nuevo, quizás totalmente arreligioso, pero liberador y redentor como el lenguaje de Cristo; los hombres se espantarán de él, pero a la vez serán vencidos por su poder. Será el lenguaje de una nueva justicia y de una verdad nueva, el lenguaje que anunciará la paz del Señor con los hombres y la proximidad de su reino».

Sin duda, la frase es atrevida y, al mismo tiempo, lo suficientemente oscura como para que los expertos discutan sin ponerse de acuerdo sobre lo que anunciaba. A mi juicio, lo aclara él mismo de inmediato, cuando, casi a renglón seguido, añade que, «Hasta entonces, la actividad de los cristianos será oculta y callada; pero habrá hombres que rezarán, actuarán con justicia y esperarán el tiempo de Dios»[36]. Después de lo ya dicho sobre su manera de concebir la Iglesia como la comunidad de fe que consiste en proclamar la muerte y resurrección de Jesucristo, había presenciado cómo esa comunidad –que era, para él, la Iglesia luterana– se distanciaba paso a paso de esa misma proclamación que la constituía como realidad; se distanciaba en la medida en que aceptaba lo que Hitler decidía sobre el mundo y sobre ella misma y –quizá– Bonhoeffer llegó a la conclusión de que, de esa manera, la Iglesia de Jesús había dejado de verse y, en adelante, solo se haría presente por la insistencia de unos pocos cristianos en rezar, actuar con justicia y esperar.

Eso podría explicar también que viera en el futuro la posibilidad de «un cristianismo sin religión» –o incluso irreligioso– en

---

[36] «Reflexiones para el día del bautizo de Dietrich Wilhelm Rüdiger Bethge», mayo de 1944, en *Resistencia y sumisión*, 210.

la correspondencia que dirigió en 1944 a Bethge[37]. Lo que quiso decir en este caso podría relacionarse con lo que recordaría el propio Bethge más tarde: que, al final de la vida mortal, Bonhoeffer había dejado de mantener la diferencia entre religión falsa y religión verdadera; se inclinaba más bien por distinguir entre fe y religión, como Lutero, de manera que la religión procede de la carne, y la fe, del espíritu.

Partía acaso de la vivencia de una Iglesia reducida a grano de mostaza, y los cristianos como fermento diluido en la masa: exactamente lo que vería Joseph Ratzinger años después y ya atisbaba en la *Introducción al cristianismo* cuando hablaba «del Dios que se identifica con su criatura y en su *contineri a minimo* –en el ser abarcado y dominado por lo más pequeño– da lo "abundante" que lo revela como Dios»[38]. Ponía como ejemplo la corte renacentista de la iglesia de Roma, donde se creyó «eliminar el ocultamiento y convertirla en "puerta del cielo" y "casa de Dios"» y, a la hora de la verdad, se trocó una vez más en «eclipse de Dios que difícilmente podía encontrarse en ella». Ya entonces, en el siglo XVI y en la Sede Apostólica, se había perdido de vista que «Lo más pequeño cósmicamente es el auténtico signo de Dios en el que se revela como el totalmente otro que nuestras expectaciones no pueden reconocer. La nada cósmica es el todo verdadero, porque el "para" es lo propiamente divino…»[39] y porque se trata del espíritu ilimitado que consiste en amor[40]. En

---

37 Esto, y su fidelidad al legado de Lutero, en MAWSON, Michael, «Lutheran or Lutherish? Framing Bonhoeffer's reception of Luther»: *Modern Theology*, xxxv, núm. 2 (2019) 352–9 (ref. 16316f).

38 *Introducción al cristianismo*, 254.

39 *Ibidem*, 222. La misma idea, *ib.*, 220.

40 *Cfr. ib.*, 118, 156.

suma –cierto que en perspectiva que no era luterana, sino católica–, se podría decir que, también para Ratzinger, lo propio de la Iglesia de Jesucristo era un cristianismo que no surgiera de la Iglesia como institución todopoderosa, sino conteste con la pequeñez aceptada por Dios al encarnarse y asumir la condición de mero ser humano.

Y, en ese caso, claro es que ya no era cosa de distinguir entre religión falsa y religión verdadera como se distinguía entre la luterana y la católica y sus respectivas iglesias –tal vez hubiera añadido Bonhoeffer si hubiera leído esas palabras de Ratzinger en la vida mortal–, dado que, en perspectiva luterana, toda religión procedía de la carne. Al advertir esto último, Bonhoeffer parecía pensar en la frase de la primera carta a los corintios 15:50 en que pensaría más tarde Ratzinger al citarla literalmente en la «Introducción»: *que la carne y la sangre no pueden poseer el reinado de Dios, ni la corrupción heredará la corrupción*; frase que el teólogo católico relacionaba no obstante con la afirmación que san Juan había puesto en labios de Jesucristo: que [6:63]«el espíritu es el que vivifica; la carne no sirve para nada»; sentencia que –atención– el apóstol ponía tras afirmar con claridad la presencia real de la carne y sangre de Cristo en la eucaristía[41].

Es importante observar que, en *Introducción al cristianismo* (1968), Ratzinger no afirmaba tampoco que la católica fuese la verdadera Iglesia –la Iglesia de Jesús– y la luterana la falsa. Recuérdese que, en la constitución conciliar *Lumen gentium* (1965), tampoco se insistía en que la Iglesia católica fuese la verdadera

---

41 *Ib.*, 316.

Iglesia, «la única Iglesia de Cristo», sino que esta última –la Iglesia de Cristo– subsiste en la Iglesia católica[42]. Y nada induce a pensar que hablara Ratzinger de la Iglesia luterana cuando advertía en la *Introducción*, en 1968, que *hoy la Iglesia se ha convertido para muchos en el principal obstáculo para la fe*. Hablaba, a mi entender, de la Iglesia católica. *En ella* –añadía– *sólo puede verse la lucha por el poder humano, el mezquino teatro de quienes con sus afirmaciones quieren absolutizar el cristianismo oficial y paralizar el verdadero espíritu del cristianismo*[43]. El juicio, en el futuro Benedicto XVI, no es poco relevante y no acaba ahí:

El desacuerdo explícito que hubiera entre Ratzinger y Bonhoeffer, visto en *Introducción al cristianismo*, apenas se percibe en que el primero acepta lo que afirma el segundo pero no cree que sea el único camino para llegar a Dios (y aquí es donde acaba de entenderse quizá el deseo del teólogo católico de no quedarse en la teología luterana de la cruz). «Bonhoeffer dijo –y cita Ratzinger– que ya es hora de suprimir a un Dios que nosotros mismos hemos convertido en sucedáneo nuestro para cuando se acaban nuestras fuerzas, a un Dios al que podemos invocar cuando ya no podemos más. No deberíamos encontrar a Dios en nuestra necesidad y negación, sino en medio de la abundancia y de lo vital». Ratzinger mantenía por el contrario lo que Bonhoeffer rechazaba en esas palabras: el teólogo católico afirmaba que también hay que acudir a Dios en nuestra necesidad y negación; *también la necesidad se ha convertido para el hombre en prueba que apunta al totalmente otro. El ser humano plantea un problema, y lo es; vive en dependencia innata, tiene límites con los que choca y que le*

---

42 «[…] unica Christi Ecclesia […], in hoc mundo ut societas constituta et ordinata, subsistit in Ecclesia catholica»: *Lumen gentium*, §8; repetido en el *Catecismo de la Iglesia católica*, §870, ambos en vatican.va.

43 *Introducción al cristianismo*, 100.

hacen anhelar lo ilimitado; esta simultaneidad de dependencia y anhelo hacia lo ilimitado y abierto le hacen ver que no se basta a sí mismo y que crece cuando se supera a sí mismo y se pone en movimiento hacia el totalmente otro y hacia lo indefinidamente grande. También cuanto sentimos soledad: *La soledad y el recogimiento nos dicen también lo mismo. No cabe duda de que la soledad es una de las raíces esenciales de las que surge el encuentro del hombre con Dios. Cuando el hombre siente su soledad, se da cuenta de que su existencia es un grito lanzado a un tú y de que él no está hecho para ser solamente un yo en sí mismo*[44].

Entre Bonhoeffer y Moltmann, la mediación de Bloch

En *Sobre mi vida*, Ratzinger se limitaría a señalar la primacía del existencialismo de Heidegger en el ámbito en que se hallaba, que era Tubinga, y llama la atención que, en *Introducción al cristianismo*, no se detuviera en la *Teología de la esperanza* (1964) del teólogo protestante Jürgen Moltmann, cuya influencia en los posteriores teólogos de la liberación lo inserta netamente en nuestro asunto. Hay que decir que eran amigos y acaso esto indujo a Ratzinger a ser aún más prudente al hacer afirmaciones sin mencionar a quien contradecía. Porque, en *Introducción al cristianismo*, hay sin duda coincidencias temáticas con la *Teología de la esperanza* de Moltmann y, en varias de ellas, Ratzinger introduce matices que distancian las posiciones de ambos.

Moltmann se había incorporado precisamente a la universidad de Tubinga en 1967, cuando Ratzinger debía redactar la *Introducción*, y. en *Teología de la esperanza*, Moltmann se proponía abiertamente ir «Más allá del historicismo y del existencialismo» con el «intento de no fundamentar los fenómenos históricos ni en una legalidad positivista, ni en la historicidad del existir humano, sino de percibirlos en su significación para su futuro», el

---

44 *Ibidem*, 79–80.

futuro del propio fenómeno histórico de que se trate en cada caso. Era, en rigor, lo mismo que intentaba superar el teólogo católico cuando llegó a Tubinga, la influencia de Heidegger.

Ahora bien, Moltmann era también amigo del filósofo Ernst Bloch, que había publicado ya años antes *El principio esperanza* en tres volúmenes (1954–1959[45]). No es casualidad que la obra de Moltmann se titulara *Teología de la esperanza* precisamente.

Bloch se había incorporado a la universidad de Tubinga como profesor invitado en 1961 y, aquí, en Tubinga, habían mantenido ambos un diálogo público que organizó el Consejo de Estudiantes de Teología (*Theologischen Fachschaft*) de esa facultad el 31 de mayo de 1963. Moltmann publicó su aportación a ese coloquio ese mismo año en la revista *Evangelischen Theologie* («Teología evangélica»[46]) y, dos años después, lo incorporó como apéndice a la tercera edición de *Teología de la esperanza*[47].

Tres ediciones en dos años dan idea, sin duda, de la acogida que el libro de Moltmann había tenido en el mundo de habla alemana. Pero no había sido menor la de la obra de Ernst Bloch. En realidad, según su propio testimonio, la había escrito entre 1938 y 1947 en los Estados Unidos, donde se había refugiado huyendo del antisemitismo de Hitler, y había publicado una primera edición en tres volúmenes en Leipzig, entonces en la República Democrática Alemana (*Deutsche Demokratische Republik:*

---

45 *Das Prinzip Hoffnung*, Francfort, Suhrkamp 1959, 3 volúmenes. Hay traducción española de GONZÁLEZ VICÉN, Felipe: Ernst Bloch, *El principio esperanza*, Madrid, Editorial Trotta, 2204–2007, 3 volúmenes (re. 17366).

46 MOLTMANN, Jürgen «Das "Prinzip Hoffnung" und die christliche Zuversicht»: *Evangelische Theologie*, xxiii, núm. 10 (1963) 537–557, doi.org/10.14315/evth-1963-1003 (ref. 17371).

47 "El principio esperanza y teología de la esperanza: Un diálogo con Ernst Bloch", en *Teología de la esperanza*, 437–466.

GDR), a cuyo territorio, ocupado por soldados soviéticos, había regresado.

Esa primera edición tuvo ya una notable difusión en los ámbitos más cultos, especialmente entre los jóvenes según los biógrafos de Bloch. Se había incorporado en 1948 como profesor de filosofía a la universidad de Leipzig y, en 1955, se le otorgó el Premio Nacional de la GDR de arte y literatura y fue nombrado miembro de la Academia de Ciencias de Berlín. Pero su prestigio y lo revisionista de su marxismo se consideró especialmente peligroso en 1956, a raíz del levantamiento húngaro contra el dominio soviético. En esos meses, Bloch no se recató en disentir públicamente del leninismo defendido en la SED (*die Sozialistische Einheitspartei Deutschlands*, el Partido Socialista Unificado de Alemania) y, en 1957, se le apartó de la enseñanza. La construcción del «Muro de Berlín» en 1961 lo sorprendió de viaje y lo disuadió de volver a la GDR; se refugió en la República Federal de Alemania ese mismo año y se incorporó como profesor invitado a la universidad de Tubinga, donde se quedaría hasta su muerte en 1977.

Dieciséis años antes, ya era una persona que, a su brillante modo de pensar y escribir lo que pensaba, añadía el respaldo necesario para hacer eco a lo que hiciera o dijera que pudiese llamar la atención sobre su nombre. De hecho, es revelador que su decisión de quedarse en la Alemania Federal fuese noticia hasta en el finisterre de Europa: «según han declarado sus editores de Alemania Occidental» –puede leerse en la portada del diario español *Nueva Rioja* el 21 de septiembre de 1961[48]–, «El

---

48 «Filósofo alemán que escoge la libertad»: *Nueva Rioja*, xxiv, núm. 7219 (jueves 21 de septiembre de 1961) 1 (ref. 17352). Lo mismo, más escueto, en «Un filósofo alemán "elige la libertad"»: *La Voz de Albacete: Diario de la tarde*, ix, núm. 2577 (20 de septiembre de 1961) 1 (ref. 17353).

profesor Ernest Bloch [*sic*], destacado filósofo, ha decidido "escoger la libertad" y no regresar a la Alemania comunista [...] después del cierre de la frontera». La noticia procedía de Fráncfort y sabemos que su editor era ya Siegfried Unseld, copropietario de Suhrkamp Verlag, una de las más incisivas y prestigiosas editoriles alemanas de la segunda mitad del siglo XX[49].

La «meta–religión» de Ernst Bloch

Aunque no sea lo deseable, por razones de espacio, vamos a tomar como atajo para conocer lo que nos interesa de la obra de Bloch el texto de la intervención de Jürgen Moltmann en aquel coloquio que mantuvieron en 1963. En él, Moltmann califica la propuesta filosófica de Ernst Bloch desarrollada en los tres gruesos tomos de *El principio esperanza* como una «meta–religión» y, en efecto, no era excesivo verlo así. «Para Bloch –observa el teólogo luterano–, el sollozo –formador de religión– de la criatura oprimida, que anhela alegría, felicidad y patria, está en la "escisión religiosa del hombre entre su manifestación presente y su esencia no presente"», y esto «va más allá de la explicación y la crítica tradicionales que el marxismo hace de la religión», reconoce. «El hombre no es, como lo es el mundo sensible que le rodea, "una cosa dada directamente desde la eternidad, siempre igual a sí misma"», en palabras de Marx. Pero tampoco puede reducirse la religión, por lo dicho, al opio del pueblo, parece insinuar.

Si el hombre está escindido entre su manifestación presente y su esencia, que no está presente, y la religión es el «ambiguo baluarte de la esperanza brotada de la escisión del hombre», la

---

49 *Vid.* PETERS, George F.: «Editor's corner»: *Die Unterrichtspraxis / Teaching German*, xxi, núm. 2 (1988) 157–8 (ref. 17321).

explicación meramente psicológica y sociológicas de esa situación es una mera «"aclaración" superficial». La religión, explicada así, no solo es esperanza, sino que «cobija esperanza», y, en ese caso, «no procede de la angustia y de la estupidez humanas, ni del engaño de los sacerdotes». No es simplemente opio. Es algo más profundo.

Si, conforme al marxismo, el hombre, en su existencia –su manifestación presente– conquista su esencia por medio del trabajo, se comprende que, para Marx, *la «crítica del cielo» no se convierta en la bendición de la tierra, sino en la «crítica de la tierra», y, de ese modo, la crítica de la religión se transforma en crítica del derecho, en crítica de la teología, en crítica de la política.* Para Marx, en definitiva, la religión tiene sus raíces en los conflictos sociales «del hombre con el hombre y de los hombres con la naturaleza»[50] y, por lo mismo, el problema que supone la religión, vista así, *no se resuelve por un naturalista llegar–a–sí–mismo del hombre, sino tan sólo por una revolución de la sociedad, de la cual salga la disolución del conflicto entre el hombre y la naturaleza, y del hombre consigo mismo.*

Hasta aquí –entiendo– la visión de Ernst Bloch tal como la comprende Moltmann. Podría argüir que, si el hombre conquista su esencia por el trabajo, eso puede relacionarse con la afirmación de Lutero de que *todos somos pastores.* Eso sí, para ello hay que entender por pastoreo (y por trabajo) toda acción humana en cuanto modifica la realidad. Y eso podría conciliarse con la afirmación atribuida por Moltmann a Ernst Bloch según la cual «El hombre, como ser no fijo, es un ser "que, juntamente con el mundo que le rodea, es una tarea y un gigantesco receptáculo lleno de futuro"». En esta perspectiva, se comprende la revolución solo tendría sentido si se impusiera con ella un orden económico (y al tiempo ético, estético y religioso; en

---

50 MOLTMANN: "El principio esperanza y teología de la esperanza: Un diálogo con Ernst Bloch", 439.

suma, cultural y social) centrado en el trabajo y no en el capital, y eso no dejaría otra salida –a mi modo de ver– que la de una «autogestión» –necesariamente comunitaria, o sea en comunidad– como la que predicaba en España Guillermo Rovirosa en los mismos años de los que hablamos (†1964)[51]. La autogestión, en efecto, suponía saber lo que sabe todo hombre y es que «fuera» –otra vez en palabras de Moltmann (que no hablaba de esa solución)–, la vida está tan poco lista y acabada como en el yo que trabaja en ese «fuera». «De este modo –arguye el teólogo luterano, parece que conforme con Bloch– la religión, en cuanto ofrece esperanza, se basa en la procesualidad del hombre y del mundo». «Sólo allí donde –y sólo si– la diferencia óntica del hombre, su *positio* excéntrica con respecto a sí mismo, y la diferencia óntica del mundo quedan abolidas en una patria de identidad lograda, deja de existir la religión como esperanza, porque se ha cumplido»[52]. ¿Pero puede cumplirse definitivamente (antes del fin del mundo)? Porque una revolución social –hasta la más pacífica y consistente (por ejemplo, la resistencia pasiva)– puede arreglar las cosas en presente; pero no acaba con el carácter procesual del hombre y del mundo, ni, por tanto, con la posibilidad de equivocarse, ni tampoco con la de reimponer la escisión personal entre capital y trabajo.

La autogestión tampoco puede constituirse en un punto final porque depende del acierto en la propia gestión y en la permanencia de la rectitud en la acción. Esto ya lo previó Rovirosa cuando insistía a los obreros a los que intentaba formar en la HOAC (Hermandad Obrera de Acción Católica) en que no

---

51 *Vid.* ROVIROSA, G.: *Obras completas: I: Cooperación y comunidad*, Madrid, Ediciones HOAC, 1995.

52 MOLTMANN: "El principio esperanza y teología de la esperanza: Un diálogo con Ernst Bloch", 440.

confiaba ni en un militante empeñado en cumplir con su «compromiso temporal» que descuidara sin embargo su vida espiritual (entendida como vida de piedad, para que no haya dudas), ni en el militante piadoso que descuida su «compromiso temporal». Cosa que equivalía a dar por descontado que la vida interior no es menos procesual que la del mundo ni pierde hasta la muerte la tensión ante el bien y el mal.

Moltmann no entraba en eso. Se limitaba a explicar que, para Bloch, en la medida en que aboga por la justicia y la libertad, «la religión es esperanza, y ésta se basa en la diferencia óntica entre lo que es y lo que todavía no es, entre existencia y esencia, entre presente y futuro; y ello tanto en el hombre como en el cosmos»[53]. Pero llegaba al mismo punto –el de que eso no asegura el éxito final– de otra manera: si recordamos quiénes son los «bienaventurados» según el propio Cristo –argüía–, entenderemos que no se trata –solo– de esperar a los que ofrezcan redención de los oprimidos, sino en que sean los redentores los propios oprimidos: Jesús –recuerda el teólogo– «llama bienaventurados a los pobres, se hace cargo de los miserables y oprimidos, de los humillados y ofendidos, de los hambrientos y moribundos, porque reconoce la parusía del reino para ellos». El teólogo no dice por qué esos oprimidos, sin dejar de serlo, van a ser redentores de los demás oprimidos. La idea católica de la «corredención» es y era ajena al luteranismo[54]. Pero basta el anuncio de la bienaventuranza para explicar que haya esperanza: «La expectación hace buena la vida, pues en ella el hombre puede aceptar todo su presente y puede encontrar alegría no sólo en la alegría, sino también en el sufrimiento, puede encontrar felicidad no sólo en la felicidad, sino también en el dolor.

---

53 *Ib.*, 440.

54 Puede ser útil como introducción mi nota «Sobre creencias y sobre intolerancias»: *Anales de historia contemporánea*, xcii (2001) 663–96.

De esta manera la esperanza atraviesa la felicidad y el dolor, pues puede vislumbrar en las promesas de Dios un futuro también para lo pasajero, para lo moribundo y para lo muerto»[55], como cree Bloch. Pero, con eso –arguye Moltmann– es Dios mismo quien queda reducido, para Bloch, a «lo *humanum* no encontrado, futuro».

No lo dice pero está claro por qué sucede así, y es que Bloch no creía que haya otra vida tras la muerte. Así, Dios queda reducido a «ideal utópicamente hipostasiado del hombre desconocido», como reconoce el propio Ernst Bloch. «La mística del cielo se convierte en mística del hijo del hombre. La gloria de Dios se transforma en la gloria de la comunidad redimida». Y esta reducción lleva a Moltmann a preguntarse –«a nosotros mismos y a Bloch»– qué elementos de la esperanza cristiana se resisten a esa «meta–religión» que hay en el «principio esperanza»[56].

La promesa de la resurrección de los muertos, parece responder el teólogo: «Para la fe cristiana, el hombre, el impulso, la marcha y la disposición para el futuro se fundan en la ocultación del futuro del resucitado. Por ello esa esperanza tiene de antemano frente a sí algo que no es ni el presente objetivo en el que puede descansar, ni la total vaciedad del concepto, como en el espacio hueco» que deja la eliminacion de la hipóstasis de Dios y «que contiene el *horror vacui* y el posible logro». Con la fe en la resurrección de los muertos, «Ese algo contrapuesto es

---

55 MOLTMANN: *Teología de la esperanza*, 40.

56 MOLTMANN "El principio esperanza y teología de la esperanza: Un diálogo con Ernst Bloch", 440. 441.

entendido como la promesa de Dios y es aprehendido en la confianza, la cual apuesta por la fidelidad de Dios, "que resucita a los muertos y llama a ser a lo que no es (Rom 4, 17)"»[57].

Las réplicas explícitas e implícitas a Bloch en las obras de Moltmann y de Ratzinger

En eso mismo insistirá Joseph Ratzinger en Introducción al cristianismo: La esperanza en la resurrección de los muertos presenta ante todo la forma fundamental de la esperanza bíblica en la inmortalidad[58] (inmortalidad personal, lo sea o no – además– comunitaria, me atrevo a apostillar, si bien –añadiría aún– no veo que sea fácil salvarse sin desear la apocatástasis, y eso por aquello de que hay que amar al prójimo como se ama uno a sí mismo, y eso exige desear su salvación).

Ratzinger no valora el socialismo como lo hace Moltmann al reconocer los logros de la revolución marxista: «La revolución socialista ha cambiado en positivo lo negativo que hay en la existencia humana, lo negativo económico, social y político». Pero insiste en su insuficiencia: el socialismo «no ha absorbido el *nihil* mismo, en el cual corre peligro de sumergirse toda existencia, en un *totum* logrado».

La nada es, en efecto, el destino de todo ser humano en el planteamiento de Marx y en el de Bloch. Ahora el *nihil* –prosigue Moltmann–, «Sale a nuestro encuentro no ya en forma de algo identificable como hambre, miseria y privación de derechos, sino de manera inaprehensible en el aburrimiento, el reflujo vital y los sentimientos de absurdo»[59]. El ser humano «se

---

57 *Ib.*, 448.

58 *Introducción al cristianismo*, 308.

59 *Teología de la esperanza*, 451.

convierte en la pregunta no contestada. Se convierte en *homo absconditus* precisamente cuando se le vuelve posible, igual que a los dioses –y *playboylike*– "todo: pescar, cazar, criar animales, criticar", como prometió Marx»[60].

Por tanto, lo necesario para Moltman es justo lo contrario: lo que corresponde a los cristianos es «encontrar la fuerza para realizar una iconoclasia de las imágenes utópicas de la esperanza», pero –atención– «no por causa de la resignación, sino por causa de la verdadera miseria del mundo y del futuro de Dios». Esto es: el cristiano no puede cerrar los ojos a la vista de la imposibilidad de cumplir la utopía; tiene que dar esperanza (real) de una forma distinta.

Con ello, al rechazar lo utópico, «liberará precisamente la reflexión proyectiva acerca del futuro»; «no podrá contentarse con la realidad dada, con sus presuntas inevitabilidades y con las leyes del mal y de la muerte. Pero tampoco podrá contentarse con ante–proyectos utópicos del futuro [...]. De esta manera, perforará los horizontes cerrados utópicamente. Conocerá y señalará lo necesario en los horizontes abiertos utópicamente a todo lo posible».

Así es como «la esperanza escatológica se convierte en el resorte histórico de las creadoras utopías del amor al hombre que sufre y a su mundo no logrado frente al futuro desconocido, pero prometido, de Dios. En este sentido, podrá la escatología cristiana abrirse al "principio esperanza"», que proponía Bloch sin horizonte personal de salvación eterna, y, a la inversa, así podrá «el principio esperanza» forzar a la escatología cristiana a perfilarse a sí misma de mejor manera[61].

---

60 "El principio esperanza y teología de la esperanza: Un diálogo con Ernst Bloch",. 451–2.

61 *Ib.*, 466.

De otro modo, Ratzinger se aproxima a lo mismo al subrayar la importancia del resultado final, que es la eternidad: *En un mundo dividido [la Iglesia] debe ser el signo y el medio de la unidad que supera y une naciones, razas y clases*. Pero, antes de pronunciarse sobre la acción en defensa de los más débiles –que es en definitiva lo que quieren Moltmann y Bloch–, no oculta la verdad de lo que no se ha conseguido ni con utopías ni sin ellas y, otra vez, parece referirse a la propia Iglesia católica de la que él forma parte: *En la actualidad, [la Iglesia] no puede ocultar la lucha de las naciones cristianas y no llega a unir la riqueza y pobreza para que lo que sobra a unos sirva para apagar el hambre de otros. El signo de la participación en la misma mesa no se realiza.*

¿Que hay que actuar a pesar de ello? No cabe duda: no podemos negar lo que la pretensión de catolicidad tiene de imperativo. Ante todo, debemos dejar de contar con el pasado y enfrentarnos con la llamada actual e intentar ahora no sólo profesar la catolicidad del credo, sino realizarla en la vida de nuestro mundo dividido[62]. Y eso –viene a añadir, aunque en otro lugar– no lo comprendió Marx ni lo entienden sus seguidores: El primado de la recepción no encierra al hombre en la pasividad ni dice que tiene que cruzarse de brazos, como nos echa en cara el marxismo. Por el contrario, lo capacita para que, en espíritu de responsabilidad, serena y libremente realice las obras de este mundo y las ponga al servicio del amor redentor[63].

Ahora bien, ¿cómo? ¿Como amor que no se mantiene en la distancia aristocrática de lo puro e inaccesible, sino que se mezcla con la porquería del mundo para eliminarla[64]?

---

62 *Introducción al cristianismo.*, 306–7.

63 *Ib.*, 232.

64 *Ib.*, 303.

En *Teología de la esperanza*, Moltmann había contemplado la necesidad de lo inverso, que no era alternativa, sino añadido quizás herioco a lo que Ratzinger propondría: había que conseguir que los oprimidos se impusieran a los opresores… para reconciliarse con ellos: «Creer significa de hecho superar las barreras, trascender, encontrarse en éxodo. Pero de tal modo que no por ello quede suprimida o pasada por alto la realidad opresora. La muerte es muerte verdadera, y la podredumbre, podredumbre hedionda. La culpa sigue siendo culpa, y el sufrimiento continua siendo, también para la fe, un grito que carece de una respuesta ya lista. La fe sobrepasa estas realidades, pero no para refugiarse en el ámbito celestial, en lo utópico; no se pierde, soñando, en una realidad diferente. Solo puede sobrepasar las barreras de la vida construidas por el sufrimiento, la culpa y la muerte, allí donde tales barreras están realmente derribadas»[65].

Eso significa violencia y Moltmann no habla de ello como posibilidad legítima (ni ilegítima). Tampoco Ratzinger. Lo hará otro teólogo católico, Johan Baptist Metz, precisamente en 1968, en *Teología del mundo*.

Metz y Ratzinger en 1968

En *Teología del mundo* (1968), Metz descubre más bien como hecho consumado el tránsito de un planteamiento heideggeriano –por lo menos en parte– a un enfoque marxista, igualmente parcial. Lo paradójico –a mi juicio– es que diera ese paso influido por Bonhoeffer y, en concreto, por la relación entre fe y praxis que había establecido el teólogo luterano en *Nachfolge* (1937), cuando comenzaba la militancia antinazi del mártir protestante.

---

65 *Teología de la esperanza*, 24–5.

Las diferencias del concepto de «praxis» que emplean Marx, Bonhoeffer, Moltmann, Ratzinger y Metz exigirían un espacio que aquí no cabe dedicarles. En todo caso, que Metz se volviera hacia Marx no podía venir de ahí. Vendría de donde fuere; pero no es aventurado pensar que se relacionó con su trato personal con Ernst Bloch desde 1963, la estrecha amistad que llegó a unirlos y la dedicación del teólogo católico de Munster a ahondar en la revisión del marxismo llevada a cabo por Walter Benjamin, Theodor W. Adorno y Herbert Marcuse entre otros; con todo eso y con su propia observación de un mundo que parecía inclinado al socialismo por la vía del hecho. Aun así, la teología política de Metz no dejaría de consistir en la prosecución de una «escatología crítica creadora y productiva», fruto de «la esperanza críticocreadora» que se experimenta al lanzarse al «riesgo del amor fraterno hacia el más pequeño»[66], y eso desde la Iglesia concebida como «institución de la libertad crítica de la fe» en que el amor cristiano, inequívoco como amor, «ese amor mismo puede imponer precisamente algo así como un *poder revolucionario*».

¿Quiere eso decir que la violencia puede ser legítima desde el punto de vista católico? «Cuando un *status quo* social contiene tanta injusticia como la que eventualmente puede surgir –responde Metz–, cuando es suprimido revolucionariamente, entonces una revolución en favor de la justicia y libertad "de los más pequeños entre los hermanos" puede no ser ilícita, incluso en nombre de ese amor»[67].

Sí, pero ¿y la violencia? Porque cabe lograr los cambios más revolucionarios por medio de una resistencia pasiva.

¿O no?

---

[66] *Teología del mundo*, 123–6.

[67] *Ib.*, 152, 157.

73

No se lo plantean en las obras de que hablo. Ratzinger parece acorde con el punto de partida del razonamiento de Metz por más que no lo aboque a hablar de revolución ni mucho menos de violencia ni tampoco de coacción legítima: *La fe cristiana tiene algo que ver con el factum. La fe participa también en la transformación del mundo, en su configuración.* Más aún: *Difícilmente puede considerarse como casualidad el que la comprensión del mundo como factibilidad naciese dentro de las tradiciones judíocristianas y el que Marx la pensase y formulase inspirado por ellas aunque aunque en oposición a las mismas.* Pero *el acontecimiento de la fe no pertenece a la relación saber–hacer; se expresa mejor con la relación permanecer–comprender*[68]. Y apela a Heidegger para que se entienda mejor lo que quiere decir al recordar lo que veíamos al principio: su distinción entre el pensamiento aritmético y el conceptual, el primero porque abre a la factibilidad y el segundo porque lleva a la comprensión. *Según la fe cristiana, diríamos que, para la historia, Dios está al final, pero que para el ser Dios está al principio,* y eso lo aleja tanto de la pura metafísica como de la ideología del futuro propia del marxismo[69].

Pero lo definitivo empieza en lo que Bonhoeffer hubiera llamado «do último»: *El hombre será salvado por la cruz,* recuerda Ratzinger; *el crucificado en cuanto plenamente abierto es la verdadera redención del hombre.* Y no duda en aludir a la tesis de Ernst Bloch: *Quizá radique aquí la divergencia más profunda entre el principio cristiano «esperanza» y su transformación marxista.* No nos engañemos, parece añadir Ratzinger: *También el principio marxista se apoya en la pasividad, ya que el proletariado paciente es el redentor del mundo. Pero este dolor del proletariado, que a fin de cuentas ha de llevar a una sociedad sin clases, se concreta en la forma activa de la «lucha de clases»,* y eso es lo que parece inadmisible al teólogo de Tubinga por más que no

---

68 *Introducción al cristianismo.*, 47–8.

69 *Ib.*, 208.

lo exprese claramente: *La cruz de Cristo es un sufrimiento–para* en tanto que *la pasión del proletariado, según el marxismo, se realiza como lucha–contra*[70] y *la justicia siempre debe ser la forma fundamental del amor*[71].

Pero, entonces –deduzco–, solo cabe, en efecto, la resistencia pasiva, como propondría más tarde Juan Pablo II al dudar públicamente que la capacidad de destrucción de las armas de su tiempo hiciera posible que se diera una "guerra justa".

Sea como fuere, el reloj marcaba otra hora. La aparente concesión de Moltmann a la eficacia del socialismo era un lugar común entre católicos y protestantes en los años de los que hablamos.

Ernst Bloch, o el mago de Tubinga

En *Sobre mi vida,* al narrar el cambio operado en la universidad de Tubinga, Ratzinger recordaba escuetamente que Ernst Bloch solía hablar de Heidegger como de un «pequeño burgués», y eso ya es suficiente para afirmar al menos que presentaba el existencialismo heideggeriano como irreconciliable con el marxismo. Ni siquiera le hacía falta recordar que Heidegger había colaborado con Hitler; aunque, en esto, podía influir su silencio sobre la sangre derramada por los «zares rojos» de la URSS: su corazón –recordaría su hijo Jan Robert– *estaba de tal modo con la Nueva Jerusalén, con Lenin, que cerraba los ojos ante las víctimas de los «zares rojos» de la realidad soviética; el amor ciega*[72].

---

[70] *Ib.,* 230–1.

[71] *Ib.,* 285.

[72] BLOCH, J.R., & RUBIN, C., «How can we understand the bends in the upright gait?»: *New German Critique,* núm. 45 (1988) 24 (ref. 18156).

Ahora hay que recordar que Heidegger era ya un profesor jubilado a quien no faltaban invitaciones para hablar en público y mantener su enorme e inconsútil fama internacional, muy superior a la de Bloch, siendo la de este la que era. Podía incluso permitirse lo que en efecto hizo en aquellos meses (1966): prestarse a una entrevista a publicar en *Der Spiegel* donde daba una nueva versión de sus relaciones con el nazismo y poner la condición de que no se publicara sino después de muerto (cosa que se hizo, en efecto, en 1976, cinco días después de que falleciera[73]).

Pero la comparación no quiere decir que la fama de Bloch hubiera mermado. «Ernst Bloch es suficientemente conocido para que hayamos de aludir a su actividad como pensador y autor de magníficos trabajos de interpretación e historia de las ideas», comenzaba en 1965 la reseña de *Avicena y la izquierda aristotélica* en la revista *Realidad*, que, en la lengua de los hispanos, se publicaba en Roma bajo la dirección de Manuel Azcárate, miembro del comité ejecutivo del Partido Comunista de España[74].

Y era más significativo aún el diálogo que pudo leerse en ese mismo número entre el propio Azcárate y el canónigo malagueño José María González Ruiz; adelantaba en varios meses lo que percibiría Ratzinger en Tubinga en 1966–1967: Heidegger y el existencialismo estaban agotados; el porvenir se hallaba en

---

73 Augtein, «Nur noch ein Gott kann uns retten», *cit. supra.*

74 BALLESTEROS, M., «Avicenna und die Aristotelische Linke (Avicena y la izquierda aristotélica de Ernst Bloch»: *Realidad: Revista de cultura y política,* núm. 7 (noviembre de 1965) 103 (ref. 17356). *Avicenna und die Aristotelische Linke* había sido publicado en Berlín, Rütten & Loening, 1952 (ref. 17498).

un Marx adaptado a los nuevos tiempos: tiempo de descoloni-
zación y de imparable desarrollo tecnológico[75].

Mientras tanto, en 1964, Bloch había recibido el Premio a la
Cultura de la Confederación Sindical Alemana (*Kulturpreis des
Deutschen Gewerkschaftsbundes*) y, en 1967, se le otorgó el Premio
de la Paz de los Libreros Alemanes (*Friedenspreis des Deutschen
Buchhandels*), honor del que se hizo eco gran parte de la prensa
occidental. En esos años publicó *Derecho natural y dignidad humana*
(1961[76]), *Introducción a la filosofía de Tubinga* (1963[77]) y, ya en 1968,
los ensayos políticos que reunió en *Resistencia y paz*[78] y el libro
Ateísmo en el cristianismo[79]. Para entonces, Bloch ya se había convertido en «el Mago de Tubinga» para la generación de activistas
estudiantiles que provocaron las revueltas en marzo y en abril
de ese año (cuando cundían ya en las Facultades de Teología
Evangélica de Marburgo, Berlín occidental y Bochum y antes de
que se propagaran a Nanterre y París[80]).

[75] «Conversación del P. José María González Ruiz y Manuel Azcárate»: *ibidem*, 43–7.

[76] *Naturrecht und menschliche Würde*, Berlín, Suhrkamp Verlag, 1961, ar-chivc.org. Versión española, *Derecho natural y dignidad humana*, Madrid, Aguilar, 1980 (ref. 17315).

[77] *Tübinger Einleitung in die Philosophie*, Berlín, Suhrkamp Verlag, 1963 (ref 17312).

[78] *Widerstand und Friede. Aufsätze zur Politik*, Berlín, Suhrkamp Verlag, 1968. (ref. 17313)

[79] *Atheismus im Christentum: Zur Religion des Exodus und des Reichs*, Fráncfort, Suhrkamp Verlag, 1968. En español, *El ateísmo en el cristianismo*, Madrid, Tau-rus, 1983 (ref. 17314).

[80] *Vid.* SARX, T.: *Reform, Revolution oder Stillstand?: Die 68er–Bewegung an den Evangelisch–Theologischen Fakultäten Marburg, Bochum und der Kirchlichen Hochs-chule Berlin*, Stuttgart, W. Kohlhammer GmbH, 2018 (ref. 18155).

Había sabido ganarse además, como hemos visto, la atención de teólogos como Jürgen Moltmann y el católico Metz, quienes, en efecto, al prestar la atención que prestaron a Bloch –justificada desde luego por sus brillantes e inteligentes intuiciones «teologicoateas»–, pudieron contribuir a provocar ese giro hacia la inspiración teológica marxista de que Joseph Ratzinger dejaría constancia en su autobiografía[81]. Es de justicia advertir, no obstante, que eso supuso tomar el marxismo de Bloch como referencia pero también como elemento principal de contraste. Unos no aceptaron ese ni otro marxismo en las obras que publicaron entonces, y otros, en cambio, sí. Explicar cómo fue que, en tal caso, los promotores de la teología de la liberación, poco tiempo después, se remitieran a Bonhoeffer, Moltmann y Metz como a sus inspiradores, sería interesante precisamente porque se ha interpretado con frecuencia como una filiación que, en rigor, no existió a mi modo de ver.

Pero aquí quedamos en que trataríamos de situar al Joseph Ratzinger de *Introducción al cristianismo* y quizá no haga falta añadir más.

---

81 *Cfr.* ROBERTS, Richard H., «An introductory reading of Ernst Bloch's "The principle of hope"»: *Literature and Theology*, I, núm. 1 (1987) 89–112, especialmente 90–3, jstor.org (ref. 17370).

MAYO DEL 68 Y LA «LIBERACIÓN» DE LA MUJER

*María Teresa Cid Vázquez**

1. Introducción: liberar la libertad

La revuelta estudiantil de Mayo de 1968 ha sido mitificada por testimonios con frecuencia sesgados pero que no empalidecen aquellos meses de ardor juvenil, de insaciable búsqueda de nuevas experiencias, de lucha contra todo lo heredado. Aquel acontecimiento marcó la historia posterior como pocos otros sucesos lo han hecho y no puede negarse, a pesar de lo efímero de muchas de sus expresiones, su influencia en las pautas de conducta no solo de la juventud, sino también de buena parte de la sociedad ante las drogas, la sexualidad, los derechos civiles o el sentido de la democracia.

Para entender la crisis que se vivió en 1968 y su legado, conviene recordar lo que se había percibido ya como una grave crisis cultural occidental en los años veinte[1]. Como señala Pablo

---

* Universidad CEU San Pablo, CEU Universitis

[1] Pérez López, P., «Mayo del 68 en Francia: los hechos y su trasfondo», en: Cid Vázquez, M.T. (ed.), *Mayo del 68 y su legado. La universidad ante los retos*

Pérez López, dos de sus analistas más agudos fueron Gilbert K. Chesterton y José Ortega y Gasset. El primero escribió: «Escucharán hablar incesantemente acerca del peligro del bolchevismo. Cuando digo el peligro venidero, probablemente un gran número de personas se imaginará que me refiero al bolchevismo. Estoy bastante de acuerdo en que el bolchevismo es un peligro, pero no creo que vaya a venir. […] Lo que quiero sugerir es algo que va a surgir por sí mismo, o que al menos puede hacerlo… supongo que el nombre más sencillo que lo define es *chabacanería*… no sé si es prudente musitar la palabra "América" asociándola con la anterior; América es hoy con mucho el Estado más rico del mundo y el que ejerce una mayor influencia»[2].

Y Ortega y Gasset: «El nuevo hecho social que aquí se analiza es este: la historia europea parece, por vez primera, entregada a la decisión del hombre vulgar como tal. O dicho en voz activa: el hombre vulgar, antes dirigido, ha resuelto gobernar el mundo. Esta resolución de adelantarse al primer plano social se ha producido en él, automáticamente, apenas llegó a madurar el nuevo tipo de hombre que él representa […] Este repertorio de facciones nos hizo pensar en ciertos modos deficientes de ser hombre, como el "niño mimado" y el primitivo rebelde; es decir, el bárbaro»[3]. La psicología del hombre masa, se caracteriza, según el filósofo español, por una libre expansión de los deseos vitales y una radical ingratitud hacia cuanto ha hecho posible la

---

del siglo XXI, colección monografías 196, Fundación Universitaria Española, Madrid 2020, 27–69.

[2] CHESTERTON, G. K., «Culture and the Comming Peril», Londres 1927, citado por PEARCE, J., *G. K. Chesterton: sabiduría e inocencia*, Madrid, Encuentro, Madrid 1997, 438.

[3] ORTEGA Y GASSET, J., *La rebelión de las masas*, Alianza, Madrid 199510, 118.

facilidad de su existencia, lo que es también la psicología del niño mimado o del señorito, que, como no ve en las ventajas de la civilización una construcción prodigiosa, sostenida con gran esfuerzo, cree que su papel es exigirlas como si fueran derechos nativos. En síntesis, disfruta la civilización sin importarle destruirla.

Otro autor que advirtió agudamente de los retos de la crisis del siglo XX fue Aldous Huxley. En su novela, *Un mundo feliz*, describió ese mundo perfectamente organizado para atender a la satisfacción de placeres y necesidades y, sobre todo, para desterrar para siempre los problemas de la vida de los hombres. Después de la Segunda Guerra Mundial, escribió un prólogo para la nueva edición de su obra (1946). En él se lee:

«El cambio realmente revolucionario deberá lograrse, no en el mundo externo, sino en el interior de los seres humanos. Viviendo como vivió en un periodo revolucionario, el marqués de Sade se valió con gran naturalidad de esta teoría de las revoluciones con el fin de racionalizar su forma peculiar de insania. Robespierre logró la forma más superficial de revolución: la política. Yendo un poco más lejos, Babeuf intentó la revolución económica. Sade se consideraba a sí mismo como un apóstol de la revolución auténticamente revolucionaria, más allá de la mera política y de la economía, la *revolución de los hombres, las mujeres y los niños* individuales, cuyos cuerpos debían en adelante pasar a ser propiedad sexual común de todos, y cuyas mentes debían ser lavadas de todo pudor natural, de todas las inhibiciones, laboriosamente adquiridas, de la civilización tradicional. Entre sadismo y revolución realmente revolucionaria no hay, naturalmente, una conexión inevitable o necesaria. Sade era un loco, y la meta más o menos consciente de su revolución eran el caos y la destrucción universales. Las personas que gobiernan en *El mundo feliz* pueden no ser cuerdas, si consideramos el sentido absoluto del término, el sentido absoluto de la palabra, pero no son locos de atar, y su meta no es la anarquía, sino la estabilidad social. Para lograr esta estabilidad llevan a cabo, por medios científicos, la revolución final, la personal, realmente revolucionaria»[4].

A juicio de Pablo Pérez López, la combinación de los tres análisis es una buena base para comprender el éxito y la trascendencia de los sucesos de 1968 y el núcleo de su legado: «Como Huxley intuyó, hacía falta buscar una estructura que mantuviera la estabilidad en una sociedad en la que no hubiera más ley que el propio capricho. Si esa hubiera sido la única ley, no habría forma de construir vida alguna en común. El individualismo anárquico no lo permitiría. Pero se podía conservar la estructura formal de la *democracia*, sustituyendo los criterios morales anteriores por los nuevos. De esta forma, el edificio podría sostenerse, aunque solo fuera conservando la estructura política tradicional como una cáscara vacía, como pura forma»[5]. Así pues, en una *sociedad líquida*[6] lo único que permanece *sólido* es la democracia.

El «68» se concibió a sí mismo y fue de hecho un paso más en la historia del intento de hacer real la democracia. Su novedad consistió en que fue llevada a cabo sobre todo por estudiantes universitarios, lo cual explica su fracaso político inmediato y su triunfo cultural y político posterior. Su efecto tuvo más que ver con el cambio de los modos de vida que con la transformación de las estructuras o los modos políticos. Los hechos han demostrado que la revolución, como parece que la entendieron y siguen entendiendo algunos de sus protagonistas y seguidores, está en la raíz de graves amenazas para la libertad con las que hoy día debemos convivir y a las que deberemos enfrentarnos.

---

4 HUXLEY, A., *Un mundo feliz*, Debolsillo, Barcelona 2012, 13.

5 PÉREZ LÓPEZ, P., «Mayo del 68 en Francia: los hechos y su trasfondo», *o.c.*, 67–8.

6 BAUMAN, Z., *Modernidad líquida*, FCE, México 2003.

Lo más paradójico es que esas amenazas suelen ejercerse desde el poder, político, mediático, o económico, cuyas palancas son manejadas hoy por los herederos de Mayo de 1968. La generación de los 60 asumió posiciones clave en la política, medios de comunicación, jurisprudencia, universidades y la Iglesia, también en la ONU y la Unión Europea.

La tarde del 1 de abril de 2005 le fue entregado al entonces cardenal Joseph Ratzinger, el premio san Benito «por su labor excepcional a favor de la promoción de la vida y de la familia en Europa». Fue la última conferencia que pronunció unos días antes de ser elegido papa. En aquella ocasión, pronunció un importante discurso, titulado «Europa en la crisis de las culturas»[7], que sigue manteniendo plena actualidad. Comenzó describiendo el panorama de la situación en el mundo, y advertía: *El verdadero y más grave peligro de este momento está, justamente, en el desequilibrio entre las posibilidades técnicas y la energía moral*[8]. Ciertamente, existe una nueva moralidad articulada en torno a palabras clave como justicia, paz, ecología, pero ese moralismo *es demasiado vago* —escribe—, *de modo que resbala inevitablemente hacia la esfera política y partidista. Es más bien una pretensión dirigida a los otros y no un deber personal de nuestra vida cotidiana*[9].

Mediante conquistas democráticas se aspira a una sociedad compuesta de individuos homogéneamente *libres e iguales*. El concepto de discriminación se va ampliando cada vez más, hasta el punto de que la prohibición de discriminar puede transformarse cada vez más en una limitación de la libertad de opinión

[7] RATZINGER, J., «Europa en la crisis de las culturas», en ID., *El cristiano en la crisis de Europa*, Ediciones Cristiandad, Madrid 2005, 21-49.

[8] RATZINGER, J., «Europa en la crisis de las culturas», *o.c.*, 25.

[9] *Ibidem*.

y de la libertad religiosa. Como destacaba Ratzinger, la concepción mal definida, o de hecho no definida, de libertad, que está en la base trae consigo, inevitablemente, contradicciones: «una confusa ideología de la libertad conduce a un dogmatismo que cada vez se revela más hostil contra la libertad»[10]. Hasta llegar a lo que se hoy se llama cultura de la *cancelación*[11].

En el año 2000, en una conferencia que pronunció en Berlín, Ratzinger observaba que *hoy casi nadie negará directamente la primacía de la dignidad humana y de los derechos fundamentales respecto a toda decisión política, pero en el ámbito concreto del llamado progreso de la medicina hay amenazas muy reales para estos valores [...] Siempre se aducen finalidades buenas para justificar lo injustificable*[12].

2. *La revuelta estudiantil de Mayo del 68*

Los estudiantes llenaron de grafitis las aulas, los pasillos y las calles. La revuelta tenía psicológica y vitalmente la fuerza de lo juvenil. La juventud fue exaltada como el máximo valor gracias a que se eliminaba la muerte del horizonte y, por lo tanto, la

---

10 En el mismo sentido: DOSTOIEVSKI, F., *Los endemoniados* «partiendo de la libertad ilimitada, se llega fácilmente al despotismo sin límites». Citado por NEGRO PAVÓN, D., «Liberalismos», en *Razón española: Revista bimestral de pensamiento*, núm. 226 (2021), 285–307.

11 Cf. VALLESPÍN, F., *La sociedad de la intolerancia*, Galaxia Gutenberg, Barcelona 2021; RATZINGER, J. / BENEDICTO XVI, *Liberar la libertad. Fe y política en el tercer milenio*, BAC, Madrid 2018.

12 RATZINGER, J., «Europa. Sus fundamentos espirituales. Ayer, hoy y mañana», conferencia pronunciada en Berlín, 28–11–2000. En: ID., PERA, M., *Sin raíces. Europa, relativismo, cristianismo, islam*, Península, Barcelona 2006, 73. Cf. CID VÁZQUEZ, M.T., «Maternidad subrogada y genealogía de la persona», en ESTELLÉS PERALTA, P.M. (dir.), SALAZAR SOTILLOS, M.J. (coord.), *Maternidad subrogada. La nueva esclavitud del siglo XXI. Un análisis ético y jurídico*, Tirant lo Blanch, Colección Monografías, Valencia 2023, 23–54.

madurez, eso que antes era la meta, era suprimida del ideal de vida. Lo ideal ahora era mantenerse siempre joven, siempre exaltado, siempre irresponsable[13].

Como ha interpretado certeramente Higinio Marín, fue una exaltación que se instaló en nuestra cultura, una suerte de sustitución del Dios cristiano por el Júpiter pagano, *Iove*, el dios siempre joven, poderoso, pero solo humano, salvo en la inmortalidad y la consiguiente irresponsabilidad[14]. La revuelta seguía su curso por una vía que reunía algunas de las características más propias del siglo XX, entre ellas, el fuerte peso de la publicidad, probablemente el medio más influyente de configuración de las mentalidades en el siglo XX[15]. Era la revolución publicitada y sonaba a sabiduría concentrada que removía los viejos proverbios para crear otros nuevos:

¡Prohibido prohibir!
¡Hagamos el amor y no la guerra!
¡Sea usted realista. Pida lo imposible!
¡Destruid todo lo que os está destruyendo!
¡Combate la familia nuclear burguesa!
¡Si te acuestas con la misma persona dos veces, eres esclavo del vicio burgués!

---

13 Cf. Pérez López, P., «Mayo del 68 en Francia: los hechos y su trasfondo», en: Cid Vázquez, M.T. (ed.), *Mayo del 68 y su legado. La universidad ante los retos del siglo XXI*, colección monografías 196, Fundación Universitaria Española, Madrid 2020, 27–69.

14 Cf. Marín Pedreño, H. «Mayo del 68: días de Júpiter», en *Arbor*, 194–787 (2018): a434. https://doi.org/10.3989/arbor.2018.787n1007.

15 Lukacs, J., *A New Republic. A history of the United States in the twentieth century*, New Haven, CT; London, Yale University Press, 2004, 315.

Ámbitos como la música, el entretenimiento y, de manera particular, la publicidad, se convirtieron en importantes vectores de transmisión de las nuevas ideas. Lo interesante es que todo esto discurrió por un camino aprovechado por la industria para impulsar el consumo. La aparente contradicción de que esta generación idealista incrementase los niveles de consumismo es solo una de las aparentes paradojas del fenómeno. Ha sido bien explicada por Thomas Frank en su historia de la publicidad norteamericana.

Por más que se sintieran idealistas, no eran antimaterialistas, sino que la generación de la protesta alcanzó la mayoría de edad como una generación de superconsumidores. Como se escribió en 1967: «después de despreciar los valores de la clase media, los hippies los disfrutan sin sentirse culpables». Los vendedores lo comprendieron pronto, en frase sintética de Thomas Frank: «El inconformismo, el estilo oficial del capitalismo»[16]. Los estilos de vida que se proponen a través de la publicidad y los medios comunicación no desean nuestra felicidad por la simple razón de que la gente feliz consume menos. Como señala el publicista francés Frédéric Beigbeder, nihilista y anarquista, la «insatisfacción es la verdadera alma del comercio»[17].

---

16 FRANK, Th., *La conquista de lo cool. El negocio de la cultura y la contracultura y el nacimiento del consumismo moderno*, Alpha Decay, Barcelona, 2011, 66 y 359. La frase del 67 citada por Frank es del novelista y publicista SHORRIS, Earl.

17 BEIGBEDER, F., *Lire 26.900*, Feltrinelli, Milano 2000, 17. Cf. MELINA, L., *La roccia e la casa. Socialità, bene comune e famiglia*, San Paolo, Milano 2013, 14–5.

«París a través de la ventana»[18]*,* obra favorita del pintor ruso afincado en París, Marc Chagall, presenta un paisaje muy colorido de la ciudad; el personaje principal es un hombre de dos caras, bifronte como Jano, situado en la ventana como si fuese un espectador, tiene ante sí la hermosa ciudad parisina y un cielo luminoso pero, encerrado en sí mismo, no contempla su belleza. Su actitud es una metáfora del estilo de vida que ha triunfado a partir de Mayo del 68: el hombre reducido a sujeto emotivo y utilitario, aspira a la libertad, la justicia, y el amor desde el dintel de la ventana, en actitud psicológica de espaldas a la realidad.

3. *La revolución sexual: tres rupturas programáticas*

Mayo del 68 fue un movimiento contracultural, transgresor, la única norma moral aceptada por la nueva cultura sería la transgresión, especialmente en materia sexual, y sus maestros, Freud, y Marcuse, eco de Sartre. Así fue experimentado por parte de algunos de los que vivieron Mayo del 68 en París. Su lema fue *la menor represión y la mayor aceptación posible*. Esa es, muy resumida, la idea de la revolución sexual que entonces triunfó y ha ido imponiendo sus criterios desde el poder en los años siguientes, como símbolo del criterio que debe regir en las sociedades de la abundancia[19].

A partir de la mitad de los años sesenta del siglo XX, y bajo el nombre de *revolución sexual*, se lleva a cabo el intento programático de separar el ejercicio de la sexualidad de la institución del matrimonio y de la perspectiva de la paternidad y materni-

---

18 CID VÁZQUEZ, M.T., (ed.), *Mayo del 68 y su legado. La universidad ante los retos del siglo XXI, o.c.,* 11.

19 KUBY, G., *La revolución sexual global. La destrucción de la libertad en nombre de la libertad,* Madrid, Didaskalos, 2017, 81–90 y *passim.*

dad. Es un hecho general que la idea de una promiscuidad sexual lo menos limitada posible se presenta desde entonces como la base de una vida «digna y libre». Esa es la idea de la revolución sexual que entonces triunfó y ha ido imponiendo sus criterios desde el poder en los años siguientes, como símbolo del criterio que debe regir en las sociedades de la abundancia[20]. Con el final de la prohibición de la pornografía (1973) el sexo se convirtió en todas sus formas, en el furor en los medios de comunicación y en la publicidad que se dedicó a estimular el deseo sexual, y el mensaje de la *liberación sexual* entró en todos los salones y la mayoría de los dormitorios.

En este sentido, Ratzinger/Benedicto XVI recuerda que *entre las libertades que la revolución de 1968 quería conquistar estaba la libertad sexual total, que no permitía ya ninguna norma. La disposición a usar la violencia, que caracterizó esos años, está estrechamente unida con esta quiebra espiritual. De hecho, las películas sexuales dejaron de permitirse en los aviones, porque se producían actos violentos en la pequeña comunidad de los pasajeros. Y dado que los excesos en la vestimenta también provocaban agresiones, los directores de los colegios intentaron introducir el uniforme escolar, que facilitara un clima de aprendizaje[21].*

---

20 *Ibidem.*

21 BENEDICTO XVI, «La Iglesia y el escándalo de los abusos sexuales», revista *Klerusblat*t (11–4–2019). Se incluye el texto íntegro con comentarios en: MELINA, L., ROWLAND, T. (eds.), *La Iglesia en el banquillo. Un comentario a los «Apuntes» de Benedicto XVI*, Didaskalos, Madrid 2021, 29 (orig. *Un commento agli Appunti di Benedetto XVI*, Cantagalli 2020). Véase: FRANCISCO, carta ap. Motu proprio *Vos estis lux mundo*, 25–3–2023.

En el libro *Informe sobre la fe*[22], Ratzinger describía este fenómeno como la sucesión de una serie de *rupturas*. En primer lugar, la ruptura del vínculo tradicional entre *sexualidad y matrimonio*, y la reivindicación de una sexualidad libre de lazos institucionales o siquiera estables. En segundo lugar, la ruptura del vínculo entre *sexualidad y procreación*, como condición de una sexualidad totalmente desligada de responsabilidad. Es así como primero se reivindicó el derecho a una sexualidad sin procreación, mediante la difusión de las técnicas anticonceptivas, y posteriormente, el derecho a una *procreación sin sexualidad*, a través de los diferentes procedimientos de reproducción artificial. La liberación sexual es concebida y realizada como ruptura programática de estos vínculos. Se puede destacar, además de las rupturas mencionadas, otra más profunda situada en la raíz de las otras y que las provoca: la sexualidad está separada de la verdad de la persona. La sexualidad está *despersonalizada*, reducida a un nivel subpersonal, meramente biológico y, en consecuencia, animal. Ya no involucra a las personas como tales, sino que concierne sólo a la satisfacción de su instinto.

Detrás de estas rupturas está el *rechazo del vínculo de paternidad*; así lo expresa Sartre en su autobiografía: «No existen padres buenos, es la norma; no acusemos a los hombres sino al vínculo de paternidad que está podrido. No hay nada mejor que *hacer hijos* en cambio ¡que iniquidad tenerlos! Si hubiera vivido mi padre se habría impuesto en mi vida y me habría aplastado. Afortunadamente ha muerto joven»[23]. En estas palabras llega a suge-

---

22 RATZINGER, J., MESSORI, V., *Informe sobre la fe*, BAC, Madrid 2005 (1ª ed. 1985), 91–2.

23 SARTRE, J.P., *Las palabras: Autobiografía de mi infancia*, Losada, Buenos Aires, 2007, 15. Sobre el legado de Mayo del 68: CID VÁZQUEZ, M.T. (ed.), Mayo del 68 y su legado: la universidad ante los retos del siglo XXI, *o.c.*

rir que el mismo hecho de ser engendrados es un mal. Afirmando que no existen padres buenos, sugiere que cualquier tipo de dependencia –empezando por la dependencia de los padres– es un mal. Por su parte, Simone de Beauvoir, expresa el rechazo de la maternidad, como vínculo opresor para la mujer, que no debe ser «ni esposa, ni virgen, ni madre», porque «mujer no se nace, se hace» («On ne naît pas femme, on le devient»), es la base de lo que hoy se presenta bajo el lema *gender*[24].

En *La sal de la tierra*, alude a la famosa obra de Aldous Huxley, *Un mundo feliz*, en la que se separaba la sexualidad de la reproducción: *Los niños, en esa novela* –escribe–, *realmente se planificaban y reproducían en un laboratorio. Se podían producir de acuerdo con una planificación previa, porque eso estaba sujeto al control de la razón, y así el hombre se destruye a sí mismo. Con ese sistema, se despoja a los niños, por anticipado, de su propio proyecto de vida, además de convertirles en un producto donde el hombre quiere verse reflejado. Y la sexualidad se convierte así en algo intercambiable. De este modo, por supuesto, desaparece la relación varón–mujer*[25]. De ahí que la única forma de relación sea el contrato. Es lícito todo lo que es libremente querido y aceptado y se exige la complicidad del derecho[26].

---

24 BUTLER, J., *Gender Trouble: Feminism and the Subversion of Identity*, Routledge, London, 1990. Para una valoración crítica: BURGGRAF, J., «Género» (*Gender*), en PONTIFICIO CONSEJO PARA LA FAMILIA, *Lexicón. Términos ambiguos y discutidos sobre la familia, vida y cuestiones éticas*, Palabra, Madrid 2004, 511–9; GRANADOS, J., «Igualdad de género: un enfoque alternativo desde el lenguaje filial del cuerpo». Revista *Scripta Theologica*, / 2020, núm. 52, 677–99. Reflexiona sobre la ideología de género: BENEDICTO XVI, *Discurso a la curia romana* (21–12–2012).

25 RATZINGER, J., *La sal de la tierra. Quién es y cómo piensa Benedicto XVI. Una conversación con Peter Seewald*, Palabra, Madrid 20057, 218.

26 SHALEV, C., *Nascere per contratto*. Giuffrè editore, Milano 1992.

Lo único sagrado es la libertad individual entendida como emancipación y autorrealización de la persona. Y la consecuencia lógica es que «toda forma de sexualidad es igualmente válida y, por consiguiente, igualmente digna. Hemos de sacar lúcidamente las consecuencias de las premisas: es lógico, puestas así las cosas, que el placer, la libido del individuo se conviertan en el único punto de referencia posible del sexo. Este, sin una razón objetiva que lo justifique, busca una razón subjetiva en la satisfacción del deseo, en una respuesta, lo más gratificante posible para el individuo y sus instintos a los cuales no se puede poner freno racional»[27].

Si el sexo no está finalizado en la donación de nueva vida, ¿por qué se puede practicar solo dentro del matrimonio? El adulterio, el divorcio o la convivencia fuera del matrimonio se han vuelto normales. ¿Por qué el sexo solo entre hombre y mujer? La homosexualidad se ha normalizado y ha sido aceptada gracias a la manipulación mediática y a la educación sexual hedonista que se imparte en los colegios y las leyes antidiscriminatorias. Al desgajarse del matrimonio, la fecundidad deja de ser una bendición para transformase en lo contrario, es decir, en una amenaza para la libre satisfacción del «derecho a la felicidad del individuo». Y por eso, el aborto provocado, gratuito y socialmente garantizado se transforma en otro «derecho» y en otra forma de «liberación». De aquí provienen los experimentos cada vez más impresionantes de la tecnología médica. El hombre se convierte en un producto planificado a voluntad.

La generación del 68 ha derribado (teórica y prácticamente) todas las restricciones morales de la actividad sexual. La familia tenía que ser destruida, para ello el libro de Herbert Marcuse,

---

[27] RATZINGER, J./ MESSORI, V., *Informe sobre la fe*, o.c., 93.

MARÍA TERESA CID VÁZQUEZ

Eros y civilización, dio un impulso decisivo. Una sexualidad liberada del matrimonio obligatorio, del tabú del incesto, y la prohibición de la pedofilia era practicada abiertamente en Berlín, Comuna I y II[28]. Vivir según el *principio del placer* se considera un acto revolucionario. Quien no esté convencido es calificado de reaccionario, revanchista, o fascista. Si los niños querían ¿por qué se le debía negar? El Partido Verde alemán mantenía esta posición en los años 1980 y 1990 intentando legalizar la *pedofilia*. En las memorias de uno de los líderes de Mayo de 68, Daniel Cohn–Bendit –Dani el Rojo–, hay descripciones explícitas de actos de pederastia presentados como una forma de liberación[29]. Según Freud la liberación de las relaciones sexuales conduciría a una mayor salud mental. Sin embargo, en la actualidad crecen de forma alarmante los problemas de salud mental y las patologías sexuales, lo cual demuestra la falacia de su proposición.

Es tal la relevancia del deseo que el simple hecho de desear algo lo convierte en derecho que se ha de demandar. Hay una desculpabilización del deseo, toda resistencia al deseo es antinatural y fuente de neurosis (Freud, Marcuse). Sin embargo, el deseo apunta a algo más grande que su mera satisfacción, es más, vivir de la mera satisfacción de los deseos puede resultar inhumano. Deseamos porque amamos, por eso hay que educar el deseo, que está precedido por el amor, y hemos de aprender a dirigirlo a su plenitud humana.

La moral sexual se reduce a la ausencia de violencia y sobre todo que ofrezca seguridad. Todo es válido si hay consentimiento –de ahí el «solo sí es sí»–. Todo vale si hay consenti-

---

28 KUBY, G., *La revolución sexual global. La destrucción de la libertad en nombre de la libertad*, o.c., 90 y ss.

29 COHN–BENDIT, D., *El gran bazar*, Dopesa, Barcelona, 1976.

miento. La técnica garantiza la seguridad, ahora bien, «el llamado *sexo seguro*, propagado por la civilización técnica, es en realidad, bajo el aspecto de las exigencias globales de la persona, radicalmente *no–seguro*, e incluso gravemente peligroso. En efecto, la persona se encuentra ahí en peligro, y, a su vez, está en peligro la familia. ¿Cuál es el peligro? Es la pérdida de la verdad sobre la familia, a la que se añade el riesgo de la pérdida de la libertad y, por consiguiente, la pérdida del amor mismo»[30].

Como señala G. Kuby, las normas sexuales son de gran relevancia pública, según va el sexo, así va la familia, según va la familia, así va la sociedad. El matrimonio monógamo «ha dado a Europa, tanto en occidente como en oriente, su particular rostro y su particular humanidad [...] Europa dejaría de ser Europa si esta célula fundamental de su estructura social desapareciera o se modificara en sus líneas fundamentales». El matrimonio y la familia parecen haber dejado de ser valores fundamentales en nuestra sociedad. Con esta tendencia salimos de la historia moral de la humanidad, que, a pesar de todas las diferentes formas jurídicas del matrimonio, siempre ha sabido que es la comunión especial del hombre y la mujer, que se abre a los hijos y, por tanto, a la familia.

Ciertamente no se trata de una cuestión de discriminación, sino de «*la cuestión de lo* que es la persona humana como hombre y mujer, *y de cómo se puede dar forma jurídica a la coexistencia del hombre y la mujer. Si su convivencia se desprende cada vez más de las formas jurídicas, y si se considera que la unión homosexual tiene cada vez más el mismo estatus que el matrimonio, estamos ante una* disolución de la imagen *del hombre, cuyas consecuencias solo pueden ser extremadamente*

---

30 JUAN PABLO II, Carta a las familias *Gratissimam sane* (2–2–1994), n. 13.

graves. Lo que se necesita urgentemente es desmitificar los valores mítica-mente alterados[31]. La actual separación de la integridad de la persona y de la reciprocidad de la relación del varón con la mujer *se debe a la técnica y a los* mass media. *Ahora se ha neutralizado el sexo y se pone a la venta como una mercancía cualquiera*[32].

4. Mayo del 68 y la «liberación» de la mujer

Según Fabrice Hadjadj nuestra época ya no es esencialmente la de la ideología sino la de la tecnología[33]. Hemos pasado del paradigma de la cultura al paradigma de la ingeniería[34]. A su juicio, el constructivismo de la ideología de género no es más que un derivado de la tecnología contemporánea. Lo que hace que el hombre pueda presentarse como un sujeto neutro que construye su género es el hecho de que las biotecnologías reducen el cuerpo a una suma de funciones manipulables[35]. La técnica decide qué es lo posible y correcto, la ideología se limita a escoger entre las posibilidades que ofrece la técnica. La salvación por la técnica convertida en absoluto, es la salvación del hombre por sí mismo. La seguridad que necesitamos no puede venir de la técnica, ni de la ciencia, sólo puede brotar de la fuerza moral del hombre[36].

---

31 Ratzinger, J., *Europa. Sus fundamentos espirituales. Ayer, hoy y mañana*, o.c., 74.

32 Ratzinger, J., *La sal de la tierra*, o.c., 107.

33 Hadjadj, F., *La suerte de haber nacido en nuestro tiempo*, Rialp, Madrid 2021, 41.

34 *Ibidem*, 49.

35 *Ibidem*, 42.

36 Benedicto XVI, Carta enc. *Spe salvi* (30–11–2007), n. 26: *No es la ciencia la que redime al hombre. El hombre es redimido por el amor [...] El ser humano necesita*

Para Ratzinger la reflexión sobre la crisis de la moral se halla estrechamente vinculada al tema de la mujer y su misión[37]. Observa que a primera vista, las instancias del feminismo radical a favor de una total equiparación entre el hombre y la mujer pueden parecen nobilísimas y, en todo caso, absolutamente razonables, pero advierte:

> *Es preciso ir al fondo de la pretensión que el feminismo radical recibe de la cultura ambiente, de trivializar el carácter específico de la sexualidad, haciendo intercambiable todo tipo de función entre hombre y mujer. Al hablar de la crisis moral tradicional, hacía hincapié en que en la raíz de la crisis hay una serie de fatales rupturas: la ruptura, por ejemplo, entre sexualidad y procreación. Despojado del vínculo que le une a la fecundidad, el sexo ya no aparece como una característica, ¿hombre? ¿mujer? Para algunos se trata de preguntas ya superadas, carentes de sentido sino racistas. Poco importa ser hombre o mujer, todos somos simplemente personas humanas. Esto, en realidad, no deja de ser grave, por muy bello y generoso que parezca: significa que la sexualidad no se considera ya como enraizada en la antropología; significa que el sexo se mira como una simple función que puede intercambiarse a voluntad[38].*

Entonces se deduce con lógica coherencia que todo el ser y el obrar de la persona humana se reducen a pura *funcionalidad*, a simple cumplimiento de un papel, por ejemplo, el papel de consumidor, o trabajador según los regímenes:

> *No es casualidad —continúa— que, entre las campañas de «liberación» que se han llevado a cabo en estos años, se haya planteado la lucha por sacudirse la «esclavitud de la naturaleza», reivindicando el derecho de ser hombre o ser mujer según el capricho de cada uno, por ejemplo, por vía quirúrgica, y exigiendo que el Estado haga constar en el registro civil la voluntad*

---

un amor incondicionado [...] Si existe ese amor absoluto con su certeza absoluta, entonces —solo entonces— el hombre es redimido, suceda lo que suceda en su caso particular.

37 Ratzinger J. / Messori, V., *Informe sobre la fe*, o.c., 101.

38 *Ibidem*, 103.

autónoma del individuo. [...] Si todo se reduce a cumplir un «papel» determinado por la cultura, la historia y no por la naturaleza inscrita en lo profundo del ser, también la «maternidad» es una simple función casual, es «injusto» que sea solo la mujer la que tiene parir y amamantar. Y la ciencia –no solo la ley– tiende una mano: transformando un hombre en mujer y viceversa, ¿no somos todos iguales? Entonces, si es necesario, se combate también contra la desigualdad de la naturaleza[39].

El cardenal Ratzinger fue relator–ponente en el sínodo de los obispos de 1980 sobre la «Misión de la familia cristiana en el mundo contemporáneo»[40]. Al concluir el sínodo, escribió una carta titulada «Retrospectiva acerca del sínodo de los obispos de 1980 sobre el matrimonio y la familia», publicada por la oficina de prensa de la archidiócesis de Múnich y Frisinga[41], con el fin de hacerles llegar información fidedigna sobre el sínodo, pues la prensa alemana lo presentó como si fuese un sínodo para dirimir la cuestión a favor/en contra de la encíclica *Humanae vitae*. Recuerda que en un importante periódico alemán la noticia de su primera intervención como relator del sínodo se tituló «Ratzinger ratifica la prohibición de la píldora». Ante las dimensiones de la ignorancia y de las malinterpretaciones con las que se encontró en Alemania se convenció de que era necesario realizar una presentación detallada de los temas tratados en el sínodo[42].

---

39 *Ibidem.*

40 Al año siguiente Juan Pablo II lo nombró Prefecto de la Congregación para la Doctrina de la Fe, y Presidente de la Pontificia Comisión Bíblica y de la Comisión Teológica Internacional.

41 RATZINGER, J., «Retrospectiva acerca del sínodo de los obispos de 1980 sobre el matrimonio y la familia», en ID., *Permanecer en el amor. Una visión teológica del matrimonio y la familia*, BAC, Madrid 2019, 71–102.

42 *Ibidem*, 102.

Recuerda que la cuestión de la transmisión de la vida y, por tanto, la problemática de la encíclica *Humanae vitae*, se abordó de modo positivo: *En el principio no se encuentra el no, sino el sí. A la larga, el hombre solo puede vivir de este modo, siendo uno consigo mismo y con el mundo. Precisamente esta* opción fundamental por el asentimiento *ha sido, sin embargo, destruida en Occidente. Nos quedaríamos estancados en los síntomas, si no nos ocupáramos antes de las opciones fundamentales*[43].

No se puede plantear el asunto desde la casuística individual, se ha de considerar conociendo primero cuáles son las grandes intenciones que la Iglesia tiene a la vista[44]. La primera consiste en una actitud positiva hacia el niño por parte de la humanidad. Hasta el siglo XIX los hijos eran considerados, incluso en las capas más sencillas, como una bendición, en cambio ahora se ven como una carga. Esta sería la primera intención de la Iglesia, recobrar la auténtica forma de enfocar el tema: cada hijo es una bendición. Destacan las intervenciones de los obispos del tercer mundo, en esos países la vida es sinónimo de bendición. La vida es don, regalo, y la familia con hijos es familia dichosa. Un obispo hindú citó en el sínodo unas palabras del poeta Rabindranat Tagore: «cada niño que nace viene con el mensaje de que Dios no ha perdido su esperanza en el hombre»[45]. Pero en la actualidad, en Occidente, se han invertido los valores: la vida se percibe como un peligro del que hay que prevenirse o un derecho que se puede conseguir a cualquier precio.

La segunda, ante la actual separación entre la sexualidad y la procreación, hemos de volver a recordar y recuperar el nexo

---

43 RATZINGER, J., *Permanecer en el amor*, o.c. 88.

44 RATZINGER, J., *La sal de la tierra*, o.c, 217.

45 RATZINGER, J., «Retrospectiva acerca del sínodo de los obispos de 1980 sobre el matrimonio y la familia», *o.c.,* 89.

íntimo entre ambas realidades. Un nexo que incluso estadística-
mente se puede percibir, como señala en la carta pastoral
«Quien permanece en el amor». Una palabra sobre el matrimonio»[46], en la que recoge la estadística referida a Alemania, que
pone de manifiesto el descenso progresivo del número de ma-
trimonios, ha ido temporalmente de la mano con el descenso
de la natalidad vinculado a la popularización de la píldora anti-
conceptiva. Destaca que se hace visible la indisoluble vinculación interna entre matrimonio y familia, incluso estadística-
mente: en el momento en que la familia ya no se presenta como
algo deseable, también el matrimonio pierde su significado.

La tercera intención es considerar que *los graves problemas morales nunca se pueden solucionar por medio de la técnica o de la química;
los problemas morales solo se solucionan moralmente, es decir, cambiando
el modo de vida*[47]. Hemos olvidado que en la humanidad siempre
ha habido problemas humanos que no se han podido solucionar
con medios técnicos, sino con la firme decisión de dar un giro
al estilo de vida. En la cuestión de los anticonceptivos, *lo primero
es reflexionar sobre estas tres alternativas esenciales para el hombre, y donde
la Iglesia está librando la batalla en su ayuda*[48].

---

46 Ratzinger, J., «Quien permanece en el amor. Una palabra sobre el
matrimonio. Carta pastoral para la cuaresma de 1980», en Id., *Permanecer en el
amor. Una visión teológica del matrimonio y la familia*, o.c., 103–13.

47 *Ibidem*, 219.

48 *Ibidem*, 219.

Recomienda la lectura de un ensayo de Gertrud Stetter, *Tiempo de amar. El ritmo vital de la mujer,* escrito a partir de la experiencia femenina[49]. La autora pone de manifiesto que la alternativa entre métodos naturales y anticoncepción no constituye una elección sin importancia moral entre distintos métodos con el mismo objetivo, sino que entre ellos se da un auténtico abismo antropológico, el cual, precisamente por ello es un abismo moral. Señala que «el ritmo vital, el reloj orgánico del hombre y de la mujer son distintos. El intento de asimilarlos a la mecánica carece de fantasía y, a la larga, pierde atractivo»[50].

Para la psicóloga Christa Meves, con la píldora se la ha arrebatado a la mujer su propia medida del tiempo y, por tanto, su propia forma de ser, de modo que, como quiere el mundo técnico, resulte *utilizable* en todo momento[51]. Esta autora se refiere al sentido y a la belleza de la abstinencia de la que nuestra civilización apenas se atreve a hablar. Ratzinger se pregunta, «¿dónde se encuentra la distinción antropológica y, por tanto, moral, entre anticoncepción y ritmos corporales? Se encuentra en un doble aspecto, a saber, en que con la *elección del tiempo* se acoge el tiempo humano, el *tiempo de la mujer*; y en que con el tiempo del diálogo, se acoge la atención mutua, la temporalidad del ser de uno y otro, la capacidad de abstinencia, el aspecto personal, la unidad de cuerpo y alma, de amor y fidelidad. Esto

---

[49] RATZINGER, J., «Retrospectiva acerca del sínodo de los obispos de 1980 sobre el matrimonio y la familia», *o.c.,* 94.

[50] STETTER, G., «Zeit zu lieben – der Lebenrhythmus der Frau»: *Das Thema* 23 (1981) 36–40, 38. Citado en RATZINGER, J., «Retrospectiva acerca del sínodo de los obispos de 1980 sobre el matrimonio y la familia», *o.c.,* 95.

[51] *Ibidem,* 96.

lo diferencia de la píldora que convierte la sexualidad en una droga de compañerismo neutro, accesible en todo momento»[52].

Por tanto, la diferencia moral entre la anticoncepción y el recurso a los ritmos de la concepción se encuentra en que en este último está incluido necesariamente el aspecto personal, el aspecto del amor personal y sus tiempos, el aspecto del tiempo común de fidelidad, y la cuestión de la ordenación interna de las relaciones sexuales en el matrimonio y su fertilidad natural[53].

En su libro *Adán y Eva después de la píldora. Paradojas de la revolución sexual*[54], la socióloga Mary Eberstadt afirma que «imaginar la revolución sexual sin la píldora ni otros anticonceptivos modernos es sencillamente imposible: es la píldora la que ha permitido separar sexualidad de responsabilidad, tanto en la relación con la otra persona con en la acogida de una nueva vida. Así, la manipulación de la naturaleza causada por la tecnología ha cambiado algunas de las conexiones básicas entre los seres humanos»[55]. Cuando la Administración de alimentos y medicamentos de EE.UU. aprobó el uso del Enovid como anticonceptivo oral en 1960, la *píldora* fue bienvenida como el billete hacia la liberación de la mujer, desde entonces la píldora es un componente de la vida femenina moderna.

---

[52] *Ibidem.*

[53] *Ibidem*, 98.

[54] EBERSTADT, M., *Adán y Eva después de la píldora. Paradojas de la revolución sexual*, Cristiandad, Madrid 2014 (orig. 2012). Véase también: EBERSTADT, M., *Gritos primigenios. Cómo la revolución sexual creó las políticas de identidad*, Rialp, Madrid 2020.

[55] EBERSTADT, M., *Adán y Eva después de la píldora. Paradojas de la revolución sexual*, o.c., 14.

Terrell Clemmons se pregunta, «¿ha mejorado realmente la vida de las mujeres? Más aún, ¿ha mejorado la vida de alguien?»[56]. Eberstadt reunió datos rigurosos y una lógica implacable para argumentar un rotundo no. Su tesis era que la revolución sexual, y especialmente la invención y el uso generalizado de anticonceptivos artificiales, no solo no ha "liberado" a las mujeres, sino que ha causado daños demostrables en todos los sectores de la sociedad moderna. Cataloga los daños según cuatro categorías de personas: las mujeres, muchas de las cuales anhelan el matrimonio y la familia pero se encuentran con una escasez de hombres sexualmente continentes y con mentalidad matrimonial; los hombres, para quienes el mercado del sexo ocasional se ha transformado en un anodino carnaval que impide que crezcan y se conviertan en maduros protectores; y los niños y los jóvenes que se hacen adultos, todos ellos sometidos a un mundo cada vez más chabacano y sexualizado, a menudo sin la mediación protectora de padres casados y comunidades de familias unidas. Muestra las contradicciones que ha traído la revolución sexual: ha dañado a los miembros más débiles de la sociedad a la vez que ha dado más fuerza a los que ya eran más fuertes y depredadores[57].

Ahora, Eberstadt sigue su análisis con *Adam and Eve After the Pill, Revisited*[58], que no es una versión revisada del libro original, sino una ampliación de su argumento. Comienza con un análisis

---

56 Cf. CLEMMONS, T., «Mad Men, Sad Women. The Sexual Revolution Has Been an Unmitigated Disaster», núm. 65, *Salvo Magazine*. Y *El Debate* (29-7-1923). Disponible en: https://www.eldebate.com/cultura/20230729/mad-men-sad-women-revolucion-sexual-sido-desastre-paliativos_130915.html.

57 *Ibidem*, 18.

58 EBERSTADT, M., *Adam and Eve After the Pill. Revisited*, Ignatus Press, 2023.

de las reacciones al libro original. Cuando se publicó en 2012 la narrativa predominante sostenía que la revolución sexual había sido una bendición para la humanidad y que criticarla era oponerse a la marcha del progreso. Pero a medida que el libro se difundía, a menudo, escribe: «después de una charla sobre el libro, algunas personas del público se quedaban y me confesaban duras y desgraciadas historias personales de familias e hijos perdidos por la troika de la revolución: divorcio, pornografía, aborto».

Aborda tres grandes cuestiones: ¿Qué está haciendo la revolución sexual a la sociedad? ¿Cómo está afectando a la política? ¿Y qué le está haciendo a la Iglesia? Desde el principio fueron los revolucionarios quienes hicieron del sexo algo político. Muestra cómo la política sexual ha llevado a la desigualdad real que ahora golpea a Estados Unidos y Europa: la desigualdad familiar. Hoy en día, el principal factor que distingue a los *ricos* de los *pobres* es la estructura familiar, o la falta de ella. Detrás de crisis visibles como el desempleo, las adicciones o la violencia urbana, más que la raza, los ingresos o el lugar en el que hemos nacido, la estabilidad familiar es el mejor indicador de resultados positivos para los niños según casi todas las medidas de bienestar. La necesidad de familia es tan innata que quienes viven en un contexto familiar deteriorado acaban organizándose en sustitutivos de la familia: bandas callejeras, grupos identitarios y pseudocomunidades tóxicas. Analiza con gran lucidez la infiltración de la revolución sexual en la Iglesia; y es de lectura obligada en un momento en el que millones de personas se preguntan si la Iglesia católica se retractará de la enseñanza moral tradicional.

En definitiva, como subraya Ratzinger, se pone de manifiesto, *que un acontecimiento en apariencia meramente farmacéutico y técnico, la aparición de la píldora y las consecuencias de su uso, es expresión de una revolución espiritual y moral más profunda, que alcanza hasta los cimientos de nuestra sociedad*[59]. E insiste en que no se trata de partir de fundamentos dogmáticos sino de la experiencia humana: «Es la mujer la que más duramente paga las consecuencias de la confusión, de la superficialidad de una cultura que es fruto de mentes masculinas, de ideologías machistas que engañan a la mujer y la desquician en lo más profundo, diciendo que en realidad quieren liberarla»[60].

Las apariencias engañan, mas que beneficiarias las mujeres serían víctimas de la revolución sexual: «Sí, es la mujer la que más paga. Maternidad y virginidad (los dos altísimos valores en los que la mujer realizaba su vocación más profunda) han venido a ser valores opuestos a los dominantes. Pero la mujer, *creadora* por excelencia al dar la vida, no "produce" en sentido técnico, que es el único sentido que se tiene en cuenta en una sociedad entregada al culto de la eficacia, y, por ello, más dominada que nunca por el hombre. Se convence a la mujer que se la quiere "liberar" y "emancipar", induciéndola a masculinizarse y haciéndola así homogénea a la cultura de la producción, sometiéndola al control de la sociedad masculina de los técnicos, de los vendedores y de los políticos que buscan beneficio y poder, y todo lo organizan, todo lo venden y todo lo instrumentalizan para sus fines»[61].

La igualdad entre hombre y mujer no excluye sino que exige el reconocimiento de la diferencia sexual, «al afirmar –escribe– que la diferencia sexual es en realidad secundaria, se despoja a la mujer no solo de la maternidad, sino también de la libre elección de la virginidad; y, sin embargo, así como el hombre no

59 RATZINGER, J., «Quien permanece en el amor. Una palabra sobre el matrimonio. Carta pastoral para la cuaresma de 1980» *o.c.*, 107.

60 RATZINGER, J. / MESSORI, V., *Informe sobre la fe, o.c.*, 102.

61 *Ibidem.*, 107.

puede procrear, así tampoco puede ser virgen si no es "imitando" a la mujer. Esta, también por este camino, tenía el valor altísimo de "signo" y de "ejemplo" para la otra parte de la humanidad»[62].

El feminismo radical fruto del Occidente opulento y de su *establishment* intelectual, anuncia una liberación, es decir, una salvación distinta, si no opuesta, a la cristiana. Y advierte: «Es deber de los hombres y sobre todo de las mujeres que experimentan los frutos de esta presunta salvación poscristiana interrogarse con realismo si ésta significa verdaderamente un aumento de felicidad, un mayor equilibrio y una síntesis vital más rica que la que se abandona, creyéndola ya superada»[63].

Después de afirmar que en la cuestión del matrimonio y la familia está en juego todo nuestro presente y todo nuestro futuro, Ratzinger se dirige a los jóvenes con una petición: *no os dejéis engañar por falsos eslóganes que hablan de libertad y solo se refieren al dinero o al placer. ¡No os dejéis intimidar por la dictadura de la costumbre, por la fuerza de lo que todo el mundo hace o dice! ¡Preguntad más a fondo! ¡Id al fondo de las cosas! La verdadera alternativa a la forma decrépita de un mundo enfermo es la fe cristiana, que libera del egoísmo, que enseña la confianza y que nos permite comprender nuevamente la palabra de la Biblia: todo lo que Dios ha hecho es muy bueno; es muy bueno vivir y ser un ser humano* (cf. Gen 1, 31)[64].

El verdadero amor promete el infinito[65], por eso, se convierte en *una necesidad social, e incluso económica, seguir proponiendo a*

---

62 *Ibidem.*

63 Ratzinger, J. / Messori, V., *Informe sobre la fe*, *o.c.*, 106–7.

64 Ratzinger, J., «Quien permanece en el amor. Una palabra sobre el matrimonio. Carta pastoral para la cuaresma de 1980», *o.c.*, 112.

65 Benedicto XVI, carta enc. *Deus caritas est* (25–12–2005), n. 6.

las nuevas generaciones la hermosura de la familia y del matrimonio, su sintonía con las exigencias más profundas del corazón y de la dignidad de la persona[66].

5. Conclusión

Hemos analizado cómo la revuelta estudiantil de Mayo del 68 promete la *liberación* a partir de la revolución sexual. Lo cierto es que ha convertido la sexualidad humana en *mercancía*. Ello es posible porque las personas no son conscientes de que está siendo utilizadas como objeto y posibilidad de negocio. A través de la publicidad y los medios de comunicación se nos inculca que la degradación del cuerpo significa, en realidad, nuestra liberación. La fidelidad se presenta como una esclavitud de la que liberarse: el hombre debe, ante todo realizarse a sí mismo, vivir su propia vida y sacar el máximo provecho de ella. Si se trata ante todo de realizarse a uno mismo, los demás seres humanos se presentan como competidores que menoscaban la propia libertad. El niño nos quita un poco de nuestra propia vida, al igual que el cónyuge.

Existe sólo el hombre en abstracto, que después elije para sí mismo, autónomamente, una u otra cosa como naturaleza suya. Se niega a hombres y mujeres su exigencia creacional de ser formas de la persona humana que se integran mutuamente. Ahora bien, si no existe la dualidad de hombre y mujer como dato de la creación, entonces tampoco existe la familia como realidad preestablecida por la creación. Pero, en este caso, también los hijos han perdido el puesto que hasta ahora les correspondía y la particular dignidad que le es propia. Los hijos, de sujeto jurídico de por sí, se convierten ahora necesariamente en objeto, al

---

66 BENEDICTO XVI, carta enc. *Caritas in veritate* (29–6–2009), n. 44.

cual se tiene derecho y que, como objeto de un derecho, se pueden adquirir.

La libertad individual es el valor fundamental que lo mide todo; se propone una permanente ampliación de la libertad individual hasta llegar a la emancipación completa. La concepción mal definida, o de hecho no definida, de libertad, que está en la base trae consigo, inevitablemente, y paradojas y contradicciones. En definitiva, las mujeres mas que beneficiarias serían víctimas de la revolución sexual, y no solo las mujeres, también los niños y las personas más vulnerables de la sociedad. Por eso es apremiante la invitación de Ratzinger de ir *al fondo de las cosas* y no dejarse llevar por falsos eslóganes. Así lo demuestran los mejores y más recientes estudios sociológicos.

MAYO DEL 68: SOCIEDAD E IGLESIA

*MARCELO LÓPEZ CAMBRONERO**

Introducción

Durante los últimos meses de 2017 y los primeros de 2018 tuve la oportunidad de entrevistar a algunas de las personas que vivieron en primera persona los sucesos de mayo del 68 en París o que, por su desarrollo personal, se vieron fuertemente influenciados por dicha experiencia.

Conocí al líder revolucionario Alain Krivine, troskista infiltrado en 1968 como secretario de las Juventudes Comunistas de la Sorbona, al dirigente maoísta italiano Aldo Brandirali, al célebre filósofo Jean–Luc Marion en su casa de París, a Gabriel Albiac, a Françoise Picq, que formó parte del Movimiento para la Liberación de la Mujer, a Amelia Valcárcel, a Miquel Roca, al cardenal Fernando Sebastián, a Eugenio Nasarre y finalmente a Mikel Azurmendi, que se convirtió desde entonces en un íntimo amigo. Todas estas andanzas y conversaciones quedaron reflejadas en el libro *Mayo del 68: cuéntame cómo te ha ido*, que publicó Ediciones Encuentro.

---

* Director de Formación Humanística en la Universidad Francisco de Vitoria

Todos ellos, personas de izquierdas y de derechas, creyentes y no creyentes, intelectuales y políticos, expresaban una misma visión: la revolución del 68 no triunfó en el campo de la política, pero sí lo hizo en el de la cultura, y la sociedad que tenemos es, en buena medida, un fruto de los cambios que se produjeron en la concepción del sentido de la vida a partir de aquellos años.

1.– Los esquemas se derrumbaron

En mayo de 1968 Joseph Ratzinger contaba con cuarenta y un años recién cumplidos y estaba terminando de preparar para su publicación la serie de conferencias que conocemos como el libro *Introducción al cristianismo*. Era profesor de Cristología en la Universidad de Tubinga cuando, según su propio testimonio, «en breve tiempo, casi en el espacio de una noche, el esquema existencialista se derrumbó y fue sustituido por el marxista». En estas palabras hace referencia al esquema predominante en las facultades de Teología alemanas del momento, que obedecía a los planteamientos filosóficos de Martin Heidegger, que dejaron de ser interesantes y perdieron su vigencia de manera casi inmediata. Ya no interesaba la teoría, interesaba la acción. Para los marxistas como Ernst Bloch, que también era profesor en la misma universidad, Heidegger era de repente un pequeño burgués. Las facultades de Teología, que en otros años habían sido un baluarte contra la tentación marxista se volvieron justamente lo contrario, hasta llegar a ser su «verdadero centro ideológico».

La situación era, para el joven Ratzinger, muy paradójica. En sus cursos había intentado criticar las posiciones existencialistas en las que se basaba la teología de Bultmann y, para hacerlo, extraía argumentos propios del marxismo que, en sus propias palabras, «precisamente por sus orígenes judeomesiánicos, conserva elementos cristianos». Sin embargo, se vio sorprendido por un marxismo más radical y más fuerte, más vivo y eficaz, que no se detenía en las posiciones filosóficas sino que se dirigía a la transformación urgente, imperiosa, del mundo. Era un mesianismo que conservaba la esperanza bíblica pero, incluso en los seminarios, sustituía a Dios por la acción política del hombre. Con mayor precisión, el lugar de Dios era ocupado por el partido, dando lugar al «totalitarismo de un culto ateo que está dispuesto a sacrificar toda humanidad a su falso dios». Además, no existe ninguna cortapisa moral para tal sacrificio, puesto que las reflexiones morales son, de nuevo, un residuo pequeño burgués, a la manera en que las entendía el nihilista Velchaninov en *El eterno marido* de Dostoievski.

Fue un verdadero drama para la Iglesia que, recién salida de un concilio, asistía a un cambio social que no había previsto y que transformaría tanto la concepción del ateísmo como de la vida moral.

La situación no era exactamente igual en todas partes, aunque paulatinamente se produciría una convergencia intelectual de los movimientos surgidos en diferentes puntos geográficos. Si entre los jóvenes radicales alemanes preponderaba un marxismo desorganizado y animoso, es decir, que no tenía un especial interés en seguir las consignas de las autoridades de Moscú, en Francia la deriva fue distinta. Allí el Partido Comunista apenas tenía influencia sobre los estudiantes y, como hemos señalado, en la propia Sorbona Alain Krivine, secretario de los estudiantes comunistas, era un troskista que practicaba el «entrismo», es decir, la infiltración, y tenía como objetivo acabar con el propio partido. Los jóvenes universitarios que sembraron de barricadas el Barrio Latino de París no eran comunistas. Entre sus lemas destacaba un «¡Abajo el capitalismo!» pero con frecuencia también un «¡Abajo el comunismo!». En definitiva, no aceptaban ninguna de las líneas de sentido que les ofrecía la sociedad, ni el capitalismo norteamericano ni el comunismo ruso ni el cristianismo moralista y desnaturalizado tan influyente en la época y que identificaban con la Iglesia católica.

Vamos a intentar imaginarlo con un ejemplo que bien puede tener algunos centenares de miles de representaciones concretas en la realidad. Supongamos a un francés nacido en 1913, que al llegar 1968 tendría 55 años. Hablamos de alguien que vivió en la más tierna infancia la Primera Guerra Mundial, que se habría criado teniendo a su alrededor el recuerdo permanente de los caídos en el frente, tal vez él mismo huérfano de padre, o de padre y madre. Habría vivido la posguerra y, después de unos breves años de crecimiento y en plena juventud, la enorme crisis de los años 30. Sin duda pasaría carencias, hambre, inseguridad, miedo, para después verse llamado a filas como soldado en la Segunda Guerra Mundial, combatiendo en el frente europeo, o africano o más lejos. Finalmente, retornaría a la patria para ver las ciudades convertidas en escombros e iniciar una reconstrucción que en el primer momento parecía imposible. Este hombre, a los 55 años, con su tesón y esfuerzo, había ya contribuido a la etapa de crecimiento económico más poderosa y sostenida que ha conocido la historia, los «Treinta Gloriosos Años», que se prolongarían hasta la crisis del petróleo de 1973, había visto desarrollarse el Estado del Bienestar y podía ofrecer a sus hijos un futuro seguro, en paz. En muchas ocasiones sus vástagos serían la primera generación de la familia que iría a la universidad, y después tendrían un trabajo digno y sólido en una economía avanzada, con vacaciones pagadas, seguro de desempleo, atención sanitaria universal y gratuita y jubilación. ¿Qué mejor regalo podía ofrecer alguien con tal experiencia?

Sin embargo, los hijos, tantos de ellos, dijeron «¡no!» No querían aceptar el regalo porque con él venía un determinado sentido de la vida, una propuesta de felicidad posible que se les daba también completamente cerrada y determinada, que en muchos casos era una mezcla de capitalismo basado en el trabajo esforzado a la mentalidad protestante junto a un moralismo también puritano disfrazado de religión cristiana sin Cristo. Estos jóvenes no querían vivir según la receta que les habían preparado. Clamaban por el derecho a buscar un sentido de la vida al que pudieran adherirse libremente, querían ser protagonistas de su propia vida.

Por eso mismo rechazaron cualquier propuesta que pudiera estar vigente en la sociedad de su época y buscaron otras vías: el sexo libre, las drogas, los mil y un movimientos de liberación, el retorno a una vida sencilla en comunión con la naturaleza, etc. En realidad, lo que buscaban había sido descrito con una precisión milimétrica por sus predecesores, que fueron también sus fuentes intelectuales y literarias, cuando clamaban, como Allen Ginsberg en su poema *Aullido*, por conducir «campo atraviesa por setenta y dos horas para averiguar si yo había tenido o tú habías tenido una visión o él había tenido una visión para conocer la eternidad». Experiencia a la que Jack Kerouac se refería también como «santidad». Querían, en definitiva, una experiencia de plenitud que pudiera vivirse aquí y ahora y que permitiera paladear la grandeza de la existencia. Querían, digámoslo claramente, la experiencia del encuentro con Cristo, y al mismo tiempo construían una sociedad y una cultura que intentaba eliminar a Cristo como posibilidad, lo que Benedicto XVI definía, en respuesta a la historiadora Birgit Aschmann, como «una sociedad sin Dios», que intentaba vivir dándole la espalda a la única respuesta posible a ese deseo tan intenso que anidaba y gritaba en sus corazones.

2.– Posmodernidad e hiperconsumismo

En su biografía de Benedicto XVI y, anteriormente, en su artículo «Benedicto XVI ¿un pensador posmoderno? El pensamiento de Joseph Ratzinger»[1], Pablo Blanco afirma que este

---

1 *Revista interdisciplinaria de Filosofía y Psicología* 29 (9) 2014, 29–43.

Papa es «el primer posmoderno». Tal afirmación puede ser polémica si no se comprende bien, puesto que son característicos de la posmodernidad el relativismo, el emotivismo y el nihilismo, tres posiciones intelectuales que están a gran distancia del pensamiento de Ratzinger.

Si decimos que Joseph Ratzinger como teólogo y, después, Benedicto XVI como Papa, fueron «posmodernos», queremos referirnos, al igual que el autor citado, a que en primer lugar en su obra encontramos una de las primeras comprensiones, análisis y respuestas a la posmodernidad y, por otro, a que como Papa tuvo que afrontar la primacía cultural de la posmodernidad de una manera que todavía no era tan intensa o evidente en el pontificado de san Juan Pablo II.

Como hemos señalado, los jóvenes idealistas que lideraron o siguieron la revolución de Mayo del 68 tenían como uno de sus principios fundamentales el rechazo a las líneas de sentido que les presentaba la sociedad de su época, y se embarcaron en una búsqueda que a algunos los llevó al movimiento hippie, a otros a enrolarse en guerrillas radicales en distintos países del mundo, al terrorismo, al consumo de drogas o, sencillamente, a una estética y unos modales y formas de vida que se identificaban con una rebeldía en contra del pensamiento dominante. Su principal valor era la autenticidad, esto es, buscar un esquema de valores y de comportamientos que, huyendo de cualquier tradición, pudiera ser acogido libremente y en el que se pudiese aspirar a un modelo de felicidad posible alternativo.

Estas tentativas fracasaron rápidamente. Aunque algunos revolucionarios se apalancaron en sus actitudes durante muchos años, en ciertas ocasiones convirtiéndose en activistas políticos con escaso apoyo y en otras empeñándose en una actitud criminal que llevó el terror a muchas sociedades, la mayor parte de los jóvenes que se unieron a los movimientos revolucionarios de finales de los 60 y principios de los 70 quedaron pronto desilusionados y abrazaron el nihilismo.

Todas las sociedades a la largo de la historia han ofrecido a sus miembros un relato más o menos sólido sobre las propuestas de felicidad posibles. Esta es una de las necesidades más importantes, si no la fundamental, que convierten al ser humano en ser social: nacemos con un anhelo de plenitud, de crecimiento, de desarrollo, que se pueden concretar en preguntas tales como: ¿quién o qué soy yo?, ¿cómo puedo ser feliz?, ¿cómo puedo vivir una vida que merezca la pena ser vivida?, ¿por qué tengo que morir?, etc., preguntas que muestran ese anhelo interior y que son la manifestación más evidente de nuestra especificidad como especie, es decir, de nuestra naturaleza. Nacemos con el deseo, con las preguntas, pero no con las respuestas, y la sociedad en la que vivimos, cualquiera en cualquier momento o situación, nos ofrece respuestas. De la misma manera todos los seres humanos han intentado verificar estas respuestas en su vida y han seguido, mayoritariamente, las que han encontrado en su tiempo. Muchos se han desengañado a lo largo de la historia y han buscado propuestas alternativas, alejándose de su casa, de su familia, uniéndose a ejércitos como mercenarios, a expediciones marítimas, convirtiéndose en exploradores, en viajeros o de cualquier otra manera, pero estas actitudes de rebeldía o marginalidad no eran más que una nueva manifestación de este deseo, de la misma manera que lo fue, aunque de forma masiva, la revolución de Mayo del 68.

La novedad es el hecho de que se haya convertido en socialmente mayoritaria la conciencia de que no existe ninguna respuesta válida a este deseo profundo del corazón del hombre. En esto consiste el nihilismo, y de ahí el intento, perfectamente coherente, de esconder, eliminar o ahogar dicho deseo para evitar enfrentarse a él, ya que siempre está presente. Por eso nuestra sociedad, después de la decadencia del impulso de las revoluciones de las que hoy hablamos, después de darle la espalda, como decíamos, a la única respuesta a dicho deseo, que es Cristo, busca paliativos de la melancolía que permitan a las personas esconderse a sí mismas su humana condición. Estos paliativos ya no buscan ni pretenden ser una respuesta al deseo del ser humano, aunque en tantas ocasiones se ofrezcan como tal en el ámbito de la publicidad, sino solo un paliativo temporal a la tristeza y desesperación inherente a la ausencia de un horizonte vital esperanzador. Entre estos paliativos el más extendido y eficaz es el consumo, aunque también encontramos los ansiolíticos, antidepresivos y otras sustancias, terapias, etc., legales o ilegales.

La felicidad se ha vuelto así una quimera. La filósofa y psicóloga Emily Esfahani señala con acierto en su libro *The Power of Meaning* que lo realmente importante en nuestro mundo occidental no es centrarse en la búsqueda de la felicidad, ni siquiera en la del bienestar psicológico, sino en la del sentido de la vida, porque no puede existir ni felicidad ni bienestar sin él y porque, además, el sentido nos permite afrontar la existencia con esperanza y resiliencia incluso cuando las circunstancias que nos rodean hacen muy difícil conseguir un estado feliz o psicológicamente equilibrado. Las bases de ese sentido serían, según esta autora, la identidad, el propósito (para–qué o esperanza), la comunidad y la trascendencia. Si atendemos a este conjunto de elementos nos damos cuenta de que son verdaderamente importantes en la vida y que son fundamentales para alcanzar un adecuado bienestar psicológico, pero todos tenemos la experiencia de que en esa ecuación falta algo más, porque nosotros, con nuestro tesón y esfuerzo, podemos profundizar en quiénes somos, tener metas ilusionantes, amigos y sentido religioso, pero si seguimos este camino pronto nos damos cuenta de que nos es necesario ese «algo más», que nuestras fuerzas son insuficientes y se hace preciso que el sentido de la vida nos venga dado, al igual que la realidad nos viene dada. Quienes nos hemos encontrado con Cristo hemos podido experimentar cómo es desde ese encuentro desde el que todo lo demás se hace posible y dichoso y que, sin esto, la fuerza de la voluntad o el entusiasmo no son suficientes. Es desde Cristo desde el que el hombre conoce quién es realmente, ama a los demás como no había soñado poder conseguir, se siente acompañado, conoce el alcance de su esperanza y encuentra la respuesta a su sentido religioso, que es la Fe: Cristo como camino, verdad y vida.

La moralidad, la concreción de la vida en el comportamiento cotidiano, nace del encuentro con Cristo y, sin Él, no es más que un moralismo, una normatividad sin amor, un histrionismo farisaico, una sucesión de juicios y contrajuicios que nos ahogan e impiden ser libres, es decir, que nos impiden experimentar la satisfacción de nuestros deseos más profundos. Fuera de ahí vivimos bajo la presión de nuestras circunstancias, del pensamiento dominante, encorsetados en la búsqueda permanente de la aceptación ajena, alejados de nosotros, incapaces de afrontar y comprender la experiencia y ahítos de propuestas ideológicas que no comprendemos ni somos capaces de justificar.

Podemos decir, pues, que estamos en crisis. Una nueva crisis, inaudita en la historia, como hemos visto, porque responde a una nueva época: no la época de la infelicidad, porque sería aventurado afirmar que somos más infelices que en otros tiempos, pero sí la época de la falta de sentido y, por lo tanto, de la ansiedad y la angustia. Y, sin embargo, Cristo está presente, ha resucitado, y la realidad que tenemos ante nosotros nunca pierde, ni ha perdido ni perderá, un punto de positividad que es, al final, lo decisivo. Podemos decir las mismas palabras que pronuncia Andrés a su hermano Simón en el capítulo cuarto de la primera temporada de la serie «The Chosen», cuando este último le enumera el tupido campo de sus desgracias: «¡Da igual! ¿Es que no lo entiendes? ¡Ha venido el Cordero de Dios!»

No nos puede dar igual la vida, el sacrificio, el sufrimiento, pero por mucha oscuridad que exista ante nosotros y a nuestro alrededor, o por mucha oscuridad que nos empeñemos en ver en nuestra cañada particular, hay una luz más fuerte que hace que todo tiempo, en todo momento, esté preñado de esperanza.

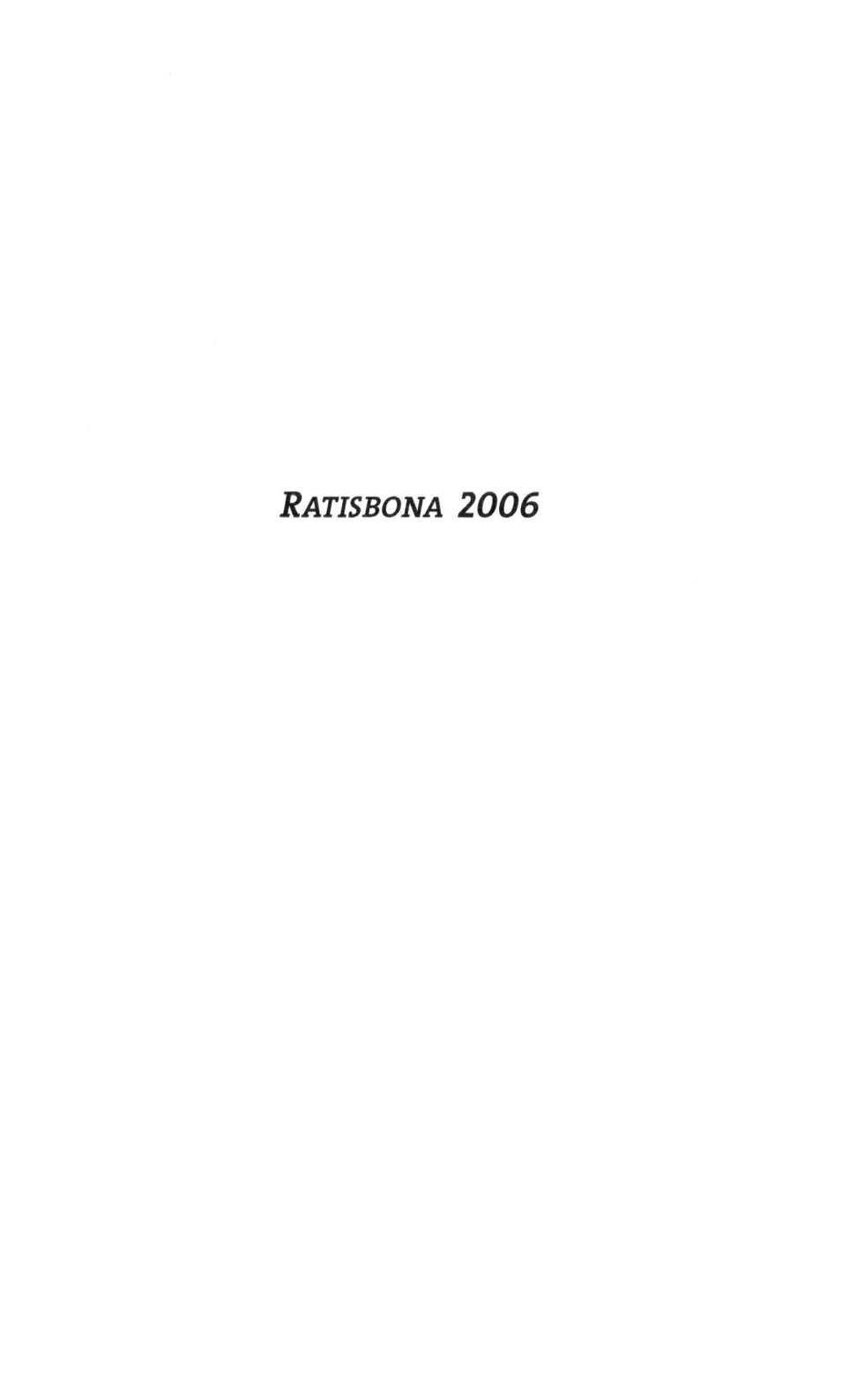

RATISBONA 2006

EL DIOS DE BENEDICTO
A PROPÓSITO DEL DISCURSO DE RATISBONA

Lucas Buch*

Cuatro años después de pronunciar su famosa *lectio magistralis* en Ratisbona, Benedicto XVI volvía sobre ella:

> *Hace poco me escribió un profesor de Ratisbona, un profesor de física, que había leído con gran retraso mi discurso en la Universidad de Ratisbona, para decirme que no podía estar de acuerdo con mi lógica o podía estarlo solo en parte. Dijo: «Ciertamente me convence la idea de que la estructura racional del mundo exija una razón creadora, la cual ha hecho esta racionalidad que no se explica por sí misma». Y proseguía: «Pero si bien existe un demiurgo –se expresa así–, un demiurgo me parece seguro por lo que usted dice, no veo que exista un Dios amor, bueno, justo y misericordioso. Puedo ver que existe una razón que precede a la racionalidad del cosmos, pero lo demás no»*[1].

---

* Doctor en Teología. Profesor de la Facultad de Teología de la Universidad de Navarra

[1] BENEDICTO XVI, Lectio divina, 12–2–2010, en MASSMANN, N. (ED.), *Luz para el mundo. Las mejores palabras de Benedicto XVI*, Madrid: Rialp 2022, IX.17. Señalo en algunos casos la referencia a este volumen, por el interés de los textos que aparecen junto a los que aquí se citan.

El discurso de Ratisbona se hizo mundialmente famoso por una referencia al Islam sacada de contexto. En cambio, este profesor de física –seguramente poco en contacto con los medios de comunicación de masas– se había enfrentado al texto y había extraído de él su auténtica propuesta. Y la había rechazado. No se puede decir que la aceptara solo en parte pues, como veremos en estas páginas, lo característico del planteamiento que hace Benedicto XVI es precisamente la unidad, en Dios, de *Lógos* y *Cáritas*, esto es, de una inteligencia creadora y un Dios que es Amor. Para exponer esta idea, repasaremos el texto de la lección de Ratisbona, poniéndolo en relación con otros textos del Papa (o del teólogo Joseph Ratzinger).

Como es sabido –porque es lo que apareció en todos los medios–, la *lectio magistralis* en Ratisbona comenzaba retomando un antiguo diálogo entre el emperador bizantino Manuel II Paleólogo y un persa culto. De ese diálogo le interesaba a Benedicto XVI la conclusión que saca el emperador: «No actuar según la razón (*syn lógo*) es contrario a la naturaleza de Dios»[2]. Y le interesaba en cuanto tiene que ver con la relación entre fe y razón, entre religión e ilustración. De acuerdo con el Paleólogo, el Papa subrayaba que, para el cristianismo, la religión no se opone al *Lógos* (a la razón, a la inteligencia, a la palabra, al sentido). De hecho, Cristo mismo se presenta, en su misterio encarnado, como el *Lógos* que es Dios. Así lo propone la Escritura y así lo entendieron los Padres de la Iglesia.

No obstante, la continuidad entre religión y *Lógos* se ha roto en distintos momentos. En la Antigüedad, en ciertas versiones del Islam (las que recoge el texto) y, más adelante, en el periodo de la escolástica, en el seno de ciertos voluntarismos. Tras exponer estos dos primeros momentos de ruptura, Benedicto

---

2 Benedicto XVI, Discurso en la Universidad de Ratisbona, 12–9–2006.

desarrolla otros, que tuvieron lugar en la era moderna. Según señala, existen dos tipos de ruptura. Unas, identificando el *Lógos* con lo propio del mundo griego, quisieron remarcar dialécticamente la especificidad de lo cristiano (es el caso de Lutero, de Harnack y, en la actualidad, del pensamiento culturalista). Otras, en cambio, pretendieron reconocer un espacio a la religión por medio de una «autolimitación» de la razón, esto es, del *Lógos*. Al primer tipo de ruptura, contesta Benedicto que la relación con lo griego forma parte de lo cristiano. Es esta una idea a la que había dedicado numerosas reflexiones en su obra teológica, y que en el discurso de Ratisbona se afirma con claridad: *las opciones fundamentales que atañen precisamente a la relación entre la fe y la búsqueda de la razón humana forman parte de la fe misma, y son un desarrollo acorde con su propia naturaleza*[3]. En estas páginas vamos a centrarnos en la repuesta que ofrece a las rupturas del otro tipo.

---

3 *Ibíd.* Un año antes, afirmaba: *Desde el principio, el cristianismo se consideró a sí mismo como la religión del Lógos, como la religión según la razón. En primer lugar, no encuadró a sus precursores en el marco de otras religiones, sino en el iluminismo filosófico que preparó el camino de las tradiciones para dedicarse a la búsqueda de la verdad y orientarse hacia el bien, hacia el único Dios que está por encima de todos los dioses;* y poco después añade: *En este sentido, la Ilustración es de origen cristiano y no por casualidad, o a título exclusivo, nació en el ámbito de la fe cristiana, precisamente allí donde el cristianismo, contra su naturaleza, había llegado a convertirse en religión de Estado;* para concluir que *los cristianos tenemos que estar atentos a seguir siendo fieles a la línea básica de vivir una fe que procede del Lógos, es decir, de la Razón Creadora, y por consiguiente está abierta a todo lo que es verdaderamente racional,* «La crisis de las culturas», en IBÍD., *El cristiano en la crisis de Europa*, Madrid: Cristiandad 2005, pp 43–5.

Religión y Lógos *en la época moderna*

Benedicto habla de una *autolimitación moderna de la razón*[4]; es la que se expresa en las críticas de Kant y se radicaliza por el pensamiento de las ciencias naturales. En efecto, la gran revolución científica de la edad moderna tuvo que ver con la aparición de la ciencia empírica. Como afirmó Galileo, se descubrió que «la naturaleza es un gran libro escrito en caracteres matemáticos»[5]. Y, una vez desvelado su secreto, el hombre puede por fin dominarla. De hecho lo hizo, pues el nacimiento de la ciencia empírica va de la mano de un impresionante desarrollo de la técnica. Se consideró entonces que esa misma aplicación corroboraba la validez del conocimiento de la física matemática. Y así, se llegó al punto de admitir como certeza propiamente científica solamente la que *deriva de la sinergia entre matemática y método empírico*[6].

Ahora bien, este tipo de certeza dejaba fuera del ámbito de la razón lo no experimentable, y en particular quedaban fuera *los interrogantes propiamente humanos, es decir, de dónde viene y a dónde va, los interrogantes de la religión y la ética*[7]. De este modo, religión y ética se veían relegadas al ámbito de lo subjetivo, lo sentimental, y en último término lo irracional. Con todo, el ser humano se-

---

4 BENEDICTO XVI, Discurso en la Universidad de Ratisbona, 12–9–2006.

5 BENEDICTO XVI, *Discurso en la IV Asamblea Eclesial Nacional Italiana*, 19–10–2006; cfr. GALILEI, G., *El ensayador*, Buenos Aires, Aguilar 1981, 62–3.

6 BENEDICTO XVI, Discurso en la Universidad de Ratisbona, 12–9–2006. Al basarse en esa idea de un orden matemático en la realidad, Benedicto lo describe como *una síntesis entre platonismo (cartesianismo) y empirismo, una síntesis corroborada por el éxito de la técnica* (Ibid.).

7 *Ibid.*

guía teniendo necesidad de una visión del mundo que le permitiera comprenderse y dirigir su propia existencia, personal y social. Así, en el intento de ofrecer una comprensión racional, se partió de algunas afirmaciones propias del ámbito científico–natural, y se permitió que se amplificaran hasta tomar el lugar de una filosofía primera. Por este camino, el pensamiento moderno desembocó en los distintos materialismos del siglo XIX: el marxismo, el evolucionismo, el positivismo.

Claro que, para todas estas doctrinas, no hay propiamente en la realidad un contenido de bien. ¿Qué queda entonces de la religión y la ética? En buena medida, en el siglo XIX una y otra permanecían vivas en las costumbres que seguían las sociedades occidentales. Cabría aquí señalar a algunos pensadores que ya entonces denunciaron que esas formas no se sustentaban en una auténtica vida de fe, como por ejemplo F. Nietzsche, S. Kierkegaard o J.H. Newman. Con todo, en términos generales, mientras se desarrollaban las visiones del mundo que excluían la religión y la moral del ámbito de lo razonable, seguían vivos los ideales ilustrados de una auténtica libertad y de un progreso indefinido, fundados en el desarrollo del conocimiento racional que vivió la Modernidad.

Su validez colapsó solamente –pero de un modo dramático y definitivo– con la experiencia demoledora de las dos guerras mundiales. ¿Cómo era posible que las naciones más cultas del mundo hubieran participado en tamaña barbarie? ¿Cómo era posible que las sociedades europeas hubieran aupado a figuras de corte totalitario y proyectos inhumanos? El pensamiento que siguió a esos acontecimientos, y que se planteó estos interrogantes, creyó encontrar una respuesta en el desenmascaramiento de la auténtica naturaleza de la razón moderna. En el fondo, se trataba de una razón técnica, que reducía la realidad a una única dimensión para someterla y dominarla en función de

123

los propios intereses. Así, la razón no era más que un instrumento del deseo de dominar y, en definitiva, de la violencia. Este fue un tema común en la reflexión filosófica de la segunda mitad del siglo XX. Basta citar la *Dialéctica de la Ilustración* de Horkheimer y Adorno, o las reflexiones de otros autores contemporáneos –algunas, del periodo de entreguerras– sobre la técnica y la racionalidad moderna: por ejemplo las de M. Heidegger, R. Guardini o, en España, J. Ortega y Gasset. El mismo Benedicto XVI hizo referencia a esos peligros, tanto en Ratisbona como, de modo más desarrollado, en su discurso en el Bundestag[8].

En estas circunstancias, ¿qué se puede hacer? Fundamentalmente existen dos posibilidades. La primera consiste en desconfiar de la razón, desenmascararla cuando presente su pretensión de universalidad y renunciar a su valor normativo, en cuanto manifestaría su dimensión de instrumento de poder. En buena medida, es el camino que tomó el pensamiento occidental en la segunda mitad del siglo XX, en lo que se llamó «postmodernidad». La segunda posibilidad es volver a confiar en la razón, pero ampliándola. Eso es lo que propone Benedicto XVI.

Una razón ampliada

La ampliación de la razón que presenta el Papa en Ratisbona se da en tres pasos sucesivos. En primer lugar, es preciso recobrar la idea de que la razón no se encuentra encerrada en lo empírico cuantificable, sino que es capaz de interrogarse por *la estructura racional de la materia y la correspondencia entre nuestro espíritu*

---

8 Aunque sea una referencia anecdótica, trató la misma cuestión en la última conferencia que pronunció antes de ser elegido para la sede de Pedro, cfr. RATZINGER, «La crisis de las culturas», en *El cristiano en la crisis de Europa*, pp. 21–49.

y las estructuras racionales que actúan en la naturaleza[9]. Así, se aceptaría que la inteligencia humana puede preguntarse por la realidad, comprendida como un todo. Y precisamente el orden racional que encuentra en el mundo material es lo que permite llegar a la idea de un ser creador que es *Lógos*. En este primer paso concordaba el profesor de física que se dirigió por carta a Benedicto, al aceptar como válida *la idea de que la estructura racional del mundo exija una razón creadora, la cual ha hecho esta racionalidad que no se explica por sí misma*[10].

El segundo paso en la ampliación de la razón tiene que ver con su capacidad de reconocer que ese orden inteligible es también fuente de bondad. Una inteligencia de este tipo es la que está presente en las distintas tradiciones sapienciales y en el pensamiento filosófico de raíz socrática. Ahora bien, en este punto, como ponía de manifiesto la carta del profesor de física, surge una cuestión ineludible: ¿es realmente posible creer en un creador, un demiurgo, que, además de ser un principio ordenador, sea fuente de bondad? En tal caso, del mismo modo que percibimos que hay un orden inteligible que rige el universo, ¿no debería ser posible reconocer el bien, un orden de bondad, en el mundo que nos rodea? En cambio, lo que contemplamos a diario es la realidad de la injusticia, múltiples formas de violencia y barbarie, el sufrimiento de los inocentes...

Para justificar la anterior ampliación de la razón y superar esta objeción, Benedicto XVI propone dar un tercer paso. Un paso que consiste en aceptar que la inteligencia es capaz de reconocer que aquel principio de orden de la realidad es, en último término, amor. Consciente de las dificultades que esto plantea,

---

9 BENEDICTO XVI, Discurso en la Universidad de Ratisbona, 12–9–2006.

10 BENEDICTO XVI, Lectio divina, 12–2–2010, en *Luz para el mundo*, IX.17.

el Papa afirma que se trata de una respuesta que requiere, de la razón, una apertura al saber propiamente teológico, esto es, al que parte de la Revelación. Frente a la razón sapiencial y la filosofía socrática, abiertas a lo divino, al bien y a la belleza, la revelación cristiana añade algo más: el primer principio no es simplemente el bien que merece ser buscado con todas las fuerzas, sino que es también amor que se abaja para buscar al hombre. Un Dios, en definitiva, que es amor (cfr. 1Jn 4,8)[11].

Así pues, Dios no es solo pensamiento eterno, o una suerte de Arquitecto del Mundo que permanece indiferente al destino de los seres finitos. Es, más bien, una comunión personal, comunión de amor, que en su mismo amor se desborda libremente y se abaja para acercarse a la criatura. Esto no es algo que pueda conocer la razón por sí misma, desde la observación del mundo, sino que se presenta en su belleza inteligible por medio de la revelación de Dios a lo largo de la historia. Como señalará el mismo Benedicto XVI, en un discurso pronunciado apenas un mes después de su visita a Ratisbona:

> Esta Razón creadora, que es al mismo tiempo amor, da vida a una historia de amor con Israel, su pueblo, y en esta historia, ante las traiciones del pueblo, su amor se manifiesta lleno de inagotable fidelidad y misericordia; es un amor que perdona más allá de todo límite. En Jesucristo esa actitud

---

11 Aunque no lo trató con detalle en el discurso en la Universidad, lo señaló en la misma visita a Ratisbona: *Creemos precisamente en el Dios que es Espíritu Creador, Razón creadora, del que proviene todo y del que provenimos también nosotros. La segunda parte del Credo nos dice algo más. Esta Razón creadora es Bondad. Es Amor. Tiene un rostro. Dios no nos deja andar a tientas en la oscuridad. Se ha manifestado como hombre. Es tan grande que se puede permitir hacerse muy pequeño. «El que me ha visto a mí, ha visto al Padre», dice Jesús (Jn 14,9)*, BENEDICTO XVI, Homilía en la Santa Misa en la explanada de Islinger Feld de Ratisbona, 12–9–2006, en *Luz para el mundo*, IX.10.

EL DIOS DE BENEDICTO. A PROPÓSITO DEL DISCURSO DE RATISBONA *alcanza su forma extrema, inaudita y dramática, pues en él Dios se hace uno de nosotros, nuestro hermano, e incluso sacrifica su vida por nosotros*[12].

En otras palabras, la respuesta al escándalo del mal se en cuentra en el Dios que es misericordia. A este propósito, Benedicto XVI recordaba en ese mismo discurso la enseñanza de su predecesor, Juan Pablo II, y en particular el libro que publicó en su último año de vida y que él mismo, entonces Prefecto de la Congregación para la Doctrina de la Fe, se encargó de presentar ante la prensa:

> *Al poder del mal y del pecado, [Dios] no opone un poder más grande, sino que —como nos dijo nuestro amado Papa Juan Pablo II en la encíclica* Dives in misericordia *y por último en el libro* Memoria e Identidad, *su verdadero testamento espiritual— prefiere poner el límite de su paciencia y de su misericordia, el límite que es en concreto el sufrimiento del Hijo de Dios. Así también nuestro sufrimiento se transforma desde dentro, se introduce en la dimensión del amor y encierra una promesa de salvación*[13].

En definitiva, la respuesta al escándalo del mal se encuentra en el acontecimiento histórico de la Cruz de Cristo. Claro que, como señaló ya san Pablo, el Crucificado –el Dios que se hace

---

12 BENEDICTO XVI, Discurso en la IV Asamblea Eclesial Nacional Italiana, 19–10–2006. En el mismo discurso afirmaba: *Así pues, vuelve insistentemente la pregunta sobre si en nuestra vida puede hallar espacio seguro el amor auténtico y, en definitiva, si el mundo es realmente obra de la sabiduría de Dios. Aquí, mucho más que cualquier razonamiento humano, nos ayuda la novedad conmovedora de la revelación bíblica: el Creador del cielo y de la tierra, el único Dios que es la fuente de todo ser, este único Lógos creador, esta Razón creadora, ama personalmente al hombre, más aún, lo ama apasionadamente y quiere a su vez ser amado. Por eso, esta Razón creadora, que es al mismo tiempo amor, da vida a una historia de amor con Israel, su pueblo, y en esta historia, ante las traiciones del pueblo, su amor se manifiesta lleno de inagotable fidelidad y misericordia; es un amor que perdona más allá de todo límite. En Jesucristo esa actitud alcanza su forma extrema, inaudita y dramática, pues en él Dios se hace uno de nosotros, nuestro hermano, e incluso sacrifica su vida por nosotros.*

13 *Ibíd.*

LUCAS BUCH

hombre para morir a favor del hombre– es Él mismo un escándalo, necedad y absurdo para la razón (cfr. *1 Co* 1,18–25). Y ciertamente se trata de una afirmación que desborda de algún modo los límites de la sola razón, del mismo modo que el amor desborda lo razonable, lo estrictamente justo. Y, sin embargo, desbordándola, no la contradice. El Dios que es amor no lo es de modo arbitrario o irracional, sino *syn lógō*[14]. Así, en definitiva, Benedicto XVI propone como razonable la existencia de una Omnipotencia primera que es, al mismo tiempo, *Lógos* y *Cáritas*[15]. Pero, ¿es posible mostrar esa respuesta como verdaderamente razonable?

La solución, más allá del Lógos

Con la anterior pregunta volvemos de nuevo a la dificultad que planteaba el profesor de física de Ratisbona: *no veo que exista un Dios amor, bueno, justo y misericordioso. Puedo ver que existe una razón que precede a la racionalidad del cosmos, pero lo demás no*[16]. En

---

14 Sobre la relación entre lo justo y lo que es propio de la *cáritas* se ocupó Benedicto XVI en la segunda parte de su primera encíclica, *Deus caritas est*, que lleva fecha de 25–12–2005. En el discurso en Ratisbona afirma: *Ciertamente el amor, como dice san Pablo, «rebasa» el conocimiento y por eso es capaz de percibir más que el simple pensamiento (cfr. Ef 3,19); sin embargo, sigue siendo el amor del Dios–Lógos, por lo cual el culto cristiano, como dice también san Pablo, es «logiké latreía», un culto que concuerda con el Verbo eterno y con nuestra razón (cfr. Rm 12,1)*, BENEDICTO XVI, Discurso en la Universidad de Ratisbona, 12–9–2006.

15 De ahí que resulte forzado decir que Benedicto XVI es el Papa del *Lógos*, mientras Francisco lo sería de la *Cáritas*. En la propuesta cristiana, no es posible separar uno de otra, y en la enseñanza de Benedicto XVI es la *Cáritas* precisamente lo que distingue al *Lógos* cristiano.

16 BENEDICTO XVI, Lectio divina, 12–2–2010, en *Luz para el mundo*, IX.17.

128

realidad, a este respecto, la propuesta de Benedicto XVI plantea una doble dificultad.

Por una parte, pretende que una revelación histórica pueda tener un valor universal, y así responde a una cuestión general con un argumento que descansa en un acontecimiento individual. Se trata de una dificultad que el pensamiento ilustrado presentó a la fe cristiana ya en el siglo XVIII y que, para la cosmovisión actual, se presenta con más fuerza todavía. En pocas palabras, ¿puede un acontecimiento histórico –singular y concreto– tener una validez universal?[17]

Años antes del discurso en Ratisbona, en su conocida *Introducción al cristianismo*, J. Ratzinger se había enfrentado ya a esta cuestión. Según la planteaba entonces: *¿No tenemos más remedio que agarrarnos a algo tan insignificante como un dato histórico singular? ¿Hemos de aventurarnos a cimentar toda nuestra existencia, más aún, todo lo que existe, en un punto del océano de la historia, en un acontecimiento histórico individual?*[18] En esto consistiría el auténtico escándalo de la fe. En aquellas lecciones, enmarcaba el problema en algo que consideraba un rasgo fundamental del cristianismo y que denominó *positivismo cristiano o el imprescindible carácter positivo de lo cristiano*[19]. En otras palabras, el cristiano se encuentra con algo *dado* que debe aceptar, y no puede crear su propia fe, o disponer de la doctrina según le parezca más razonable. Es un escándalo, sí, pero en aceptar o no esta pretensión se juega la misma posibilidad de la fe cristiana. El cristianismo debe medirse con una Revelación que en primer lugar *recibe* –y por tanto se acoge o se

---

17 *Y en Cristo, Dios se ha mostrado en su verdad total, ha mostrado que es razón y amor, que la razón eterna es amor y así crea*, Ibíd.

18 J. RATZINGER, *Introducción al cristianismo*, Salamanca: Sígueme 201316, p.164.

19 *Ibíd.*, p.46.

rechaza. Se trata de un motivo de escándalo que es en último término irrenunciable, si Dios se ha revelado en la historia precisamente de ese modo, históricamente[20].

La segunda dificultad, la que de modo explícito proponía aquel profesor de física, tiene que ver con la afirmación de un principio primero que es amor, frente a la realidad del mal en el mundo. Como hemos visto, Benedicto XVI respondía a aquella objeción con una invitación a mirar al crucificado, descubriendo un Amor que, como afirmaría H.U. von Balthasar, es el único *digno de fe*[21]. Sin embargo, esta cuestión puede considerarse también en un marco más amplio. En este caso, al tratarse de un punto central de la propuesta cristiana, enlaza con las múltiples reflexiones que Ratzinger ha dedicado a la validez de la visión cristiana, frente a otras visiones del mundo. Lo hizo, por ejemplo, en una conferencia, unos años antes de su elección para la sede de Pedro, en el contexto de un congreso que tuvo lugar en *La Sorbona* sobre los dos milenios de cristianismo. Se preguntaba entonces por la verdad del cristianismo. Repasaba su relación con la Ilustración en la antigüedad y en la modernidad, y, tras hacer un repaso histórico similar al que hemos recogido antes, llegaba a la siguiente conclusión. En el momento actual, a la hora de ofrecer una visión del mundo, se da una alternativa fundamental. Por una parte, *una teoría de la evolución que, abarcando la totalidad, explica todo lo real*, de modo que lo real habría surgido *en*

---

20 En el mismo libro, pero tomándolo de un escrito anterior, Ratzinger describe *el primado de la recepción y la positividad cristiana* como una de las «Estructuras de lo cristiano», *Ibíd.*, pp. 203–25, y en particular pp. 221–4.

21 Cfr. BENEDICTO XVI, Lectio divina, 12–2–2010, en *Luz para el mundo*, IX.17; en este sentido, es también interesante el Discurso que pronunció en Auschwitz, el 28–5–2006.

virtud de la casualidad y la necesidad [...], es decir, de lo irracional[22]. Por otra, la convicción fundamental de la fe cristiana y su filosofía: *«In principio erat Verbum», al principio de todas las cosas se halla la fuerza creadora de la razón*[23].

En el fondo, esta alternativa enlaza con lo que se ha expuesto más arriba, pues descansa en la disyuntiva entre limitar la razón al ámbito de la físico–matemática, o ampliarla hasta comprender la sabiduría que contienen las distintas tradiciones culturales, la filosofía de raíz socrática y el mensaje cristiano. Es interesante el modo en que, en su conferencia, Ratzinger resolvía la cuestión. De un modo que puede resultar chocante, afirmaba: *En último término se trata de una alternativa que no puede resolverse simplemente en el terreno de las ciencias naturales y que, en el fondo, tampoco puede resolverse ya filosóficamente*[24]. Dicho de otro modo, en ámbito puramente teórico no es posible hallar una solución plenamente satisfactoria. De hecho, la carta de aquel profesor de física de Ratisbona expresa hasta qué punto la respuesta cristiana resulta escandalosa para la razón. ¿Y entonces?

En último término, va a proponer Ratzinger, las razones para decantarse por una u otra visión tienen que ver con la necesidad que tiene toda filosofía primera –toda explicación general del mundo– de fundamentar un *éthos*, un modo de vida. Atendiendo al modo de vida al que dan lugar las distintas visiones del mundo es como se resuelve la pregunta por su valor. Él mismo propone de nuevo la alternativa fundamental, desde el modo de vida al

---

22 RATZINGER, J., *Fe, Verdad y Tolerancia*, Salamanca: Sígueme 2005, pp. 156 y 158, respectivamente.

23 Cfr. *Ibíd.*, p. 158. Aparece en términos muy similares en las palabras que Benedicto XVI dirigió en el Encuentro con las autoridades austriacas y el Cuerpo diplomático, 7–9–2007, en *Luz para el mundo*, IX.4.

24 RATZINGER, *Fe, Verdad y Tolerancia*, p.158.

que da lugar. Por una parte, un éthos *evolutivo, que encuentra ineludiblemente su concepto clave en el modelo de la selección, es decir, en la lucha por la supervivencia, en la victoria del más fuerte, en la adaptación exitosa.* Se trata de un modo de vida que *tiene pocas cosas consoladoras que ofrecer* y, en definitiva, de *un* éthos *cruel*[25]. Por otra parte, el cristianismo, que concentra *toda la moral en el doble mandamiento del amor a Dios y del amor al prójimo y se traduce en una acción real*[26]. Es un *éthos* que se caracteriza precisamente por la *cáritas*, esto es, el amor misericordioso, sensible al sufrimiento, que sale al encuentro del necesitado. Es también un *éthos* del perdón[27].

La fuerza de la propuesta cristiana radica, entonces, en que, en ella, la razón y el amor se aúnan *como los auténticos pilares de lo real: la verdadera razón es el amor, y el amor es la verdadera razón. En su unidad son el verdadero fundamento y la meta de todo lo real*[28]. Ese es

---

25 *Ibíd.*, p. 159. Una descripción de la moral propia de una visión evolucionista de la realidad se encuentra en HAHN, S., WIKER, B., *Dawkins en observación. Una crítica al nuevo ateísmo*, Madrid: Rialp 2011, pp. 120–52.

26 RATZINGER, *Fe, Verdad y Tolerancia*, p. 152.

27 Algunos pensadores, defendiendo un ateísmo basado en el evolucionismo radical, proponen también una moral centrada en la compasión o en el altruismo; sin embargo, lo hacen sin un auténtico fundamento, o en contradicción con su propio fundamento teórico, cfr. la refutación que hacen HAHN y WIKER, *Dawkins en observación*, pp. 153–80. La crítica de fondo es la que señalaba el mismo Benedicto XVI: *La razón positivista, que se presenta de modo exclusivo y que no es capaz de percibir nada más que aquello que es funcional, se parece a los edificios de cemento armado sin ventanas, en los que logramos el clima y la luz por nosotros mismos, sin querer recibir ya ambas cosas del gran mundo de Dios. Y, sin embargo,* no podemos negar que en este mundo autoconstruido recurrimos en secreto igualmente a los "recursos" de Dios, que transformamos en productos nuestros, BENEDICTO XVI, Discurso en el Bundestag, 22–11–2011, la cursiva es mía.

28 RATZINGER, *Fe, Verdad y Tolerancia*, p.160.

el modo en que el cristianismo hace una propuesta global, ofreciendo un sentido a la vida que, a la vez, interpela a los anhelos del ser humano y de una respuesta frente al escándalo del mal[29].
Y de hecho, en su conferencia en París, Ratzinger se detenía a considerar cómo, desde los primeros siglos, el cristianismo *convencía por la vinculación de la fe con la razón y por la orientación de la acción hacia la* caritas, *hacia la solicitud amorosa por los que sufren, por los pobres y los débiles, superando todas las fronteras de las clases sociales*[30].
Así lo muestra, por ejemplo, la vuelta al paganismo intentada por el emperador Juliano.

A modo de conclusión

La *lectio magistralis* de Benedicto XVI en la Universidad de Ratisbona se puede leer como un delicado canto a la íntima relación que existe entre la fe y la inteligencia, entre la religión y la indagación racional. El Dios que se ha revelado en Jesucristo como *Lógos* y *Cáritas*, y que ha dado lugar a la noción de dignidad personal y a la idea de un orden social basado en la comunión, se presenta como acorde a la razón, *syn lógō*. No, ciertamente, a la razón que se autolimita a la abstracción matemática y al método experimental. Pero sí a la que está dispuesta a existir en la amplitud que le es posible.

---

29 Cfr. BENEDICTO XVI, Encuentro con jóvenes de Roma y del Lacio, 6–4–2006, en *Luz para el mundo*, IX.1.

30 RATZINGER, *Fe, Verdad y Tolerancia*, pp. 152–3. Volvía sobre la misma idea siendo ya obispo de Roma: *La fuerte unidad que se realizó en la Iglesia de los primeros siglos entre una fe amiga de la inteligencia y una praxis de vida caracterizada por el amor mutuo y por la atención solícita a los pobres y a los que sufrían, hizo posible la primera gran expansión misionera del cristianismo en el mundo helenístico–romano. Así sucedió también posteriormente, en diversos contextos culturales y situaciones históricas. Este sigue siendo el camino real para la evangelización*, BENEDICTO XVI, Discurso en la IV Asamblea Eclesial Nacional Italiana, 19–10–2006.

Frente a las objeciones que la misma razón plantea a la afirmación de un primer principio de lo real que sea a la vez fuente de inteligibilidad y de bondad, el Papa propone el mensaje cristiano, que pone en el centro de la historia la Cruz de Cristo. En ella es posible descubrir el sentido del mal que existe en el mundo, y la respuesta que Dios ha querido darle. Además, acudiendo a algunos textos anteriores al discurso de Ratisbona, hemos visto cómo Ratzinger lleva su propuesta hasta las últimas consecuencias, y la entiende como uno de los polos de la alternativa fundamental que el hombre contemporáneo encuentra a la hora de comprender el mundo en el que vive y orientar su propia existencia.

Desde este punto es posible mostrar también la insuficiencia de una Ilustración abierta al bien y a la belleza, pero no al amor. La Ilustración griega había llegado a un primer principio que era el Bien; un Bien que atraía al universo entero por su propia perfección. Se trata de una visión que era capaz de movilizar las mejores energías del ser humano; sin embargo, era a la vez compatible con la legitimación del esclavismo y de distintas formas de eugenesia o de eutanasia, además de estar lejos de un ideal de igualdad. La Ilustración moderna desembocó también en derivas difícilmente asumibles. Y, en términos más generales, para una civilización que ha conocido la altura moral de una afirmación radical de la dignidad humana, la valoración de la compasión, la responsabilidad y el perdón, ¿es posible volver a una fría Ilustración, que subraye la dignidad basada (sólo) en la razón y la libertad, que acepte la existencia de un bien superior, pero no de un amor primero? ¿Es deseable que Occidente vuelva a formas de cultura y de organización social en que no haya lugar para la misericordia?

Estas preguntas han llevado a algunos autores contemporáneos a proponer un *éthos* por el cual, también en el mundo secularizado, sería deseable «vivir como si Dios existiera»[31]. En realidad, se abre aún una cuestión ulterior, que resulta igualmente urgente: ¿es posible –y sostenible en el tiempo– vivir según un *éthos* caracterizado por la *cáritas*, sin que ese modo de vida nazca del encuentro personal con el Dios que se ha revelado como amor? En buena medida, se trata de una pregunta que plantea la misma deriva de la sociedad secular, que nació con los intentos ilustrados del siglo XVIII y terminó de algún modo en las guerras que marcaron la primera mitad del siglo XX. En todo caso, queda claro que la propuesta cristiana se presenta como razonable, acorde con la razón, *syn lógō*. Y al mismo tiempo, con un atractivo innegable, por la belleza y la bondad a las que da lugar en el seno de la comunidad humana.

---

31 Cfr. PERA, M., «Introducción», en RATZINGER, *El cristiano en la crisis de Europa*, pp.17–9. Es conocido el diálogo que uno y otro mantuvieron en el libro PERA, M., RATZINGER, J., *Sin raíces. Europa, relativismo, cristianismo, Islam*, Barcelona: Península 2006.

UNA REFLEXIÓN SOBRE LA ANALOGÍA

*MIGUEL FORCADA BARRERO**

Para los que formamos el grupo inicial del que ha surgido este joven proyecto de Wujek es una inmensa alegría ver a tantos amigos –usando la expresión del papa Benedicto XVI– que han venido aquí a mantener una conversación; una conversación que nos haga más libres, que nos ayude a entender y entendernos, y que nos haga mejores. *In bibliothecis loquuntur* –decía Plinio[1]– *defunctorum inmortales animae*, las almas inmortales nos ayudan a centrar nuestra conversación desde la sabiduría que atesoraron y que nos regalan en sus escritos. Hoy es J. Ratzinger el que desde esa eternidad se dirige a nosotros, que no queremos dejar caer en el olvido los luminosos textos que nos ha legado su magisterio.

Analogía. He aquí una palabra ajena, quizá incluso al gran público, pero de enorme importancia en las reflexiones de filósofos y teólogos. Una palabra, un concepto, que ha hecho correr ríos de tinta y ha enfrentado a pensadores en agrias disputas. Pero, tal vez, incluso el público culto, no sea del todo consciente de qué hablamos; ni de qué nos jugamos en esta cuestión.

---

* Sacerdote. Licenciado en Teología Patrística por la UESD

1 *Epistolae* 3, 5.

El concepto «analogía» vertebra el discurso de Ratisbona.
Casi en el centro del discurso el pontífice alemán señala:

> *La fe de la Iglesia se ha atenido siempre a la convicción de que entre Dios*
> *y nosotros, entre su eterno Espíritu creador y nuestra razón creada, existe*
> *una verdadera analogía, en la que ciertamente –como dice el IV concilio de*
> *Letrán en 1215– las diferencias son infinitamente más grandes que las*
> *semejanzas, pero sin llegar por ello a abolir la analogía y su lenguaje.*

Observamos así dos planos en la realidad, el plano de Dios
y el nuestro; el ámbito del eterno espíritu creador por un lado,
y por otro el de nuestra razón creada. En términos teológicos
diríamos: el orden sobrenatural y el orden natural, el de Creador
y el de la criatura. Entre esos dos ámbitos diferentes la reflexión
cristiana establece que existe una analogía. Es este un término
de origen matemático, usado fecundamente en la filosofía antigua[2]. El papa es consciente de que hay quien niega que exista tal
analogía, tal proporción entre ambos órdenes. Por eso contesta:

> *Dios no se hace más divino por el hecho de que lo alejemos de nosotros con*
> *un voluntarismo puro e impenetrable, sino que, más bien, el Dios verdade-*
> *ramente divino es el Dios que se ha manifestado como logos y ha actuado y*
> *actúa como logos lleno de amor por nosotros.*

---

2 Para el tema de nuestra aportación nos interesa el uso que le da Platón
en su teoría ejemplarista. Nos interesa en particular por su conexión con la
visión de san Buenaventura de la que haremos mención más adelante. «Ten
por cierto, pues, que lo que derrama sobre los objetos del conocimiento la
luz de la verdad, lo que da al cognoscente la facultad de conocer, es la idea
del bien, que es la causa de la ciencia y de la verdad, a la vez que objeto de
conocimiento. Por bellos que sean, pues, el conocimiento y la verdad puedes
asegurar, sin temor de engañarte, que la idea de bien es distinta de ellos y los
supera en belleza […] De la misma manera, en el mundo inteligible pueden
considerarse la ciencia y la verdad como imágenes del bien, pero no habrá
razón para tomarlas por el bien mismo, cuya naturaleza es de valor infinitamente más elevado». PLATÓN, *República VI*, 508.

Por ello, antes de reflexionar sobre la propuesta de la analogía cristiana, describamos un poco la opción presentada como contraria. La que introduce tal extrañamiento entre los dos órdenes que el plano divino solo puede ser definido como lo «Totalmente Otro». Nada podríamos nosotros saber, decir o pensar de aquella realidad superior. Pero si, por el azar que fuera, por la bondad de ese ser divino, aquello se nos revelase, nuestra reacción solo podría ser una: el sometimiento. Reconociéndolo como mayor, deberíamos renunciar a cualquier intento de encerrar en nuestra razón ese conocimiento revelado y divino. Hay que acatarlo, someterse. Someterse en árabe se dice islam.

Para la doctrina musulmana, Dios es absolutamente trascendente. Su voluntad no está vinculada a ninguna de nuestras categorías, ni siquiera a la de la racionabilidad.

El Corán es revelado por Mahoma tal como él mismo lo leyó, podríamos decir, cincelado en el trono de Alá:

> «Se la ha enseñado el muy poderoso, fuerte, majestuoso, mientras él estaba en lo más alto del horizonte. Luego, se acercó y quedó suspendido en el aire, estaba a dos medidas de arco o menos. Reveló a Su siervo lo que reveló. No ha mentido el corazón en lo que vio. ¿Disputaréis, pues, con él sobre lo que ve? […] No se desvió la mirada. Y no erró. Vio, ciertamente, parte de los signos tan grandes de su Señor»[3].

El texto sagrado debe ser, por tanto, escuchado, acatado y cumplido. Y ya. Reflexionar sobre ello, reflexionar en el sentido de querer entenderlo es un intento blasfemo. De este modo el desarrollo histórico del Islam, aunque no sin conflictos e intentos contrarios, irá separando el ejercicio de la racionalidad –lo que podríamos llamar filosofía– de la certeza de la Verdad –dada en el Corán–.

---

3 *Corán* 53, 5–12.17–18.

Como reconoce el papa, no han faltado, por desgracia, intentos de cristianos a lo largo de la historia de separar ambos órdenes. De ahí el peligroso camino que la filosofía cristiana emprendió con Escoto, como antes con Siger de Brabante, y más tarde con Ockam. Un camino al decir del papa en el que:

> *La trascendencia y la diversidad de Dios se acentúan de una manera tan exagerada, que incluso nuestra razón, nuestro sentido de la verdad y del bien, dejan de ser un auténtico espejo de Dios, cuyas posibilidades abismales permanecen para nosotros eternamente inaccesibles y escondidas tras sus decisiones efectivas.*

Frente a ello la Iglesia ha sostenido la existencia de una analogía entre ambos órdenes, es decir, una cierta proporción. Indudablemente existe una desigualdad inmensa ente Dios y nosotros, una desigualdad mayor que cualquier semejanza como dirá el IV Concilio de Letrán. *Deus semper maior*, Dios es siempre más, es mayor. San Agustín lo formulará con su genialidad acostumbrada: *si comprehendis non est Deus*[4]. Sin embargo, esta desemejanza se da por superación. Los dos órdenes no son absolutamente diversos, extraños. Si podemos afirmar que lo divino es mayor que lo creado es porque precisamente los podemos comparar.

Con ello la Iglesia recoge un dato patente en la Sagrada Escritura. En el *Libro de la Sabiduría* se afirmará:

> «Son necios por naturaleza todos los hombres que han ignorado a Dios y no han sido capaces de conocer al que es a partir

---

[4] *Sermo 117*, 3.5: «Estamos hablando de Dios, ¿qué tiene de extraño que no lo comprendas? Pues, si lo comprendes, no es Dios». Cfr. *Sermo 52*, 16: «¿Qué diremos, por tanto, hermanos, acerca de Dios? Pues si lo que quieres decir, si lo cazaste, no es Dios. Si pudiste comprenderlo, comprendiste otra cosa en lugar de Dios. Si pudiste como comprender, te engaña tu pensamiento. Por tanto, si lo comprendiste, no es Dios eso; pero si es eso, no lo comprendiste».

de los bienes visibles, ni de reconocer al artífice fijándose en sus obras, sino que tuvieron por dioses al fuego, al viento, al aire ligero, a la bóveda estrellada, al agua impetuosa y a los luceros del cielo, regidores del mundo. Si, cautivados por su hermosura, los creyeron dioses, sepan cuánto los aventaja su Señor, pues los creó el mismo autor de la belleza. Y si los asombró su poder y energía, calculen cuánto más poderoso es quien los hizo, pues por la grandeza y hermosura de las criaturas se descubre por analogía a su creador»[5].

En este bello texto queda establecido lo que es la analogía para el cristiano, es una capacidad de nuestro conocimiento por el que nos remontamos a Dios a través de la creación. Desconocer este camino de conocimiento es para el autor sagrado una profunda necedad, algo –diríamos nosotros– irracional. San Pablo, recogiendo este pensamiento lo desarrollará en su carta a los romanos. No solo es necio desconocer la vía de la analogía, sino que también es malvado. Aunque San Pablo no use la palabra técnica analogía, nos parece evidente que está hablando de ella:

«La ira de Dios se revela desde el cielo contra toda impiedad e injusticia de los hombres, que tienen la verdad prisionera de la injusticia. Porque lo que de Dios puede conocerse les resulta manifiesto, pues Dios mismo se lo manifestó. Pues lo invisible de Dios, su eterno poder y su divinidad, son perceptibles para la inteligencia a partir de la creación del mundo a través de sus obras; de modo que son inexcusables, pues, habiendo conocido a Dios, no lo glorificaron como Dios ni le dieron gracias; todo lo contrario, se ofuscaron en sus razonamientos, de tal modo que su corazón insensato quedó envuelto en tinieblas»[6].

---

5 *Sab* 13, 1–5.

6 *Rom* 1, 18–21.

141

Usando su inteligencia, por analogía, todos pueden saber que Dios existe y conocer acerca de él que es inmenso, hermoso o vivo. Sin duda, Él será grande de una manera que supere todas mis ideas sobre la inmensidad; pero yo no estoy diciendo algo vano ni sin sentido cuando señalo que Dios es grande al contemplar la bóveda estrellada del firmamento y los inmensos abismos en que se mueven las estrellas:

> «El cielo proclama la gloria de Dios, el firmamento pregona la obra de sus manos: el día al día le pasa el mensaje, la noche a la noche se lo susurra. Sin que hablen, sin que pronuncien, sin que resuene su voz, a toda la tierra alcanza su pregón y hasta los límites del orbe su lenguaje»[7].

La grandeza del cielo y la grandeza de Dios, siendo diferentes, en algo se parecen; y porque se parecen en algo, yo puedo conocer de Dios que es grande, y por tanto, puedo decir que es divino. Hay una continuidad entre Dios y nosotros en lo ontológico –plano del ser–, en lo epistemológico –plano del conocer–, y en lo lógico –plano del discurso– . Obsérvese qué diferente es lo que yo quiero decir cuando proclamo «¡Dios es grande!» de lo que quiera decir un musulmán al gritar el tristemente famoso «¡Alá es grande!». Qué signifique que Alá sea grande no es algo que podamos saber y no hay que querer preguntarse acerca de ello. Solo debemos creerlo y profesarlo. Su grandeza en nada puede equiparse a ninguna de nuestras ideas sobre lo grande.

Pero demos un paso más en nuestra aventura. La analogía tiene en la fe cristiana una dimensión mucho más interesante. Habíamos señalado que tal vez lo sobrenatural podría revelarse, manifestarse a nosotros. Él entonces podría revelarnos cosas

---

[7] *Sal* 18, 2–5.

que sería posible que nosotros solos llegásemos a conocer mediante el esfuerzo de nuestra razón, usando la analogía como hemos hecho. Pero también, esto es lo crucial, podría comunicarnos cosas que nuestra razón por sí sola jamás podría conocer, cosas propias de la intimidad divina. Los cristianos afirmamos que Dios ha obrado así, revelándose progresivamente en la historia, y desvelando definitivamente quién es por Cristo, su Unigénito igual a Él. Señala san Juan:

«A Dios nadie lo ha visto jamás: Dios unigénito, que está en el seno del Padre, es quien lo ha dado a conocer»[8].

Pues bien, en aquello que Dios revele de Sí mismo, en eso que nosotros solos nunca podríamos llegar a conocer porque supera infinitamente nuestra capacidad, en eso el cristiano descubre también que se cumple la ley de la analogía. Esto es lo auténticamente genial. Lo revelado no es nunca irracional por suprarracional que sea. Con nuestra pobre razón creada, si somos humildes y prudentes, podemos indagar en el misterio mismo de Dios; podemos aplicar nuestra razón a aquello inmenso que Él nos ha dicho de Sí mismo. Y esto es la teología para un cristiano. Algo completamente fascinante, que mi razón participe de la razón increada y divina, que mi razón finita pueda moverse, aun con todas las limitaciones que se quiera, en la razón divina creadora.

Y es que mi pobre razón, mi pobre logos humano es imagen de Dios, de un Dios del que se dice al inicio del evangelio que es Logos:

«En el principio existía el Logos, y el Logos estaba junto a Dios, y el Logos era Dios»[9].

---

8 *Jn* 1, 18.

9 *Jn* 1, 1.

MIGUEL FORCADA BARRERO

El conocimiento que nos aporta la fe no será un límite a nuestra razón, sino que ayudará a nuestra razón a desplegarse y a llegar a la Verdad de una manera que por sí sola jamás hubiera podido. Por ello san Agustín, junto a aquel *si comprehendis no est Deus*, puede afirmar también *crede ut intellegas*[10]. Cree para entender. A Dios no lo puedes abarcar, comprender, pero sí lo puedes entender. Y cuanto más creas, cuanto más penetres en su palabra más entenderás la lógica, el sentido, de todo lo que dice y manda.

Con todo este acervo, uno de los más geniales pensadores cristianos, y una de las principales influencias teológicas de Ratzinger, san Buenaventura, podrá afirmar que los cristianos, porque hemos sido ilustrados por la fe, podemos tener una comprensión de la realidad, del mundo, mucho más completa y profunda que la de cualquier filosofo precristiano, pagano. Aquellos filósofos buscaban la sabiduría, y en el libro de la creación leyeron con acierto grandes cosas, acercándose al conocimiento de Dios[11]. Sin embargo, muy limitado es, para san Buenaventura, todo este conocimiento que podían tener los filósofos comparado con el que podemos tener los creyentes. La fe hace que nuestra razón perciba la realidad en toda su hondura:

---

10 *In Iohannis* XXIX, 6: «Pues el entendimiento es el salario de la fe. Por consiguiente, no busques entender para creer, sino cree para entender».

11 *Collationes II*, 21: «esta sabiduría está derramada en toda cosa, porque cualquier cosa por cualquiera de sus propiedades tiene en sí la regla de la sabiduría y manifiesta la sabiduría divina; y quien conociera todas las propiedades verá manifiestamente esta sabiduría. Y a considerar esto se dedicaron los filósofos». Esta sabiduría se obtiene en una auténtica contemplación de las cosas creadas, sabiendo reducirlas a Dios, en expresión del santo. Es decir, remontándose a través de su belleza y de su propia estructura al Creador. Por el contrario: «cuando uno se dedica a investigar esta sabiduría por la curiosa inquisición de las criaturas, entonces se aparta más lejos».

UNA REFLEXIÓN SOBRE LA ANALOGÍA

«Así aparece que todo el mundo es como un espejo lleno de luces que muestran la divina sabiduría, y como un carbón que derrama luz»[12].

Esto llevará a san Buenaventura a definir la Iglesia de un modo sorprendente a ojos de muchos de nuestros contemporáneos, que no entienden que el conocimiento que da la fe no obstruye ni perjudica ni siquiera se yuxtapone al de la razón, sino que la potencia. *Ecclesia, id est, convocatio rationalium*[13].

¡Ojalá el legado del papa Benedicto XVI sirviera para despertar esta conciencia en todos los que nos gloriamos de llevar el nombre de cristianos! Nuestra fe eleva nuestra naturaleza humana, pudiendo con nuestra potencia racional llegar más lejos y más hondo. Por ello, tal vez, tendríamos que cuestionarnos por qué hoy la fe busca tantas veces ser presentada a modo de impacto o sostenida a base de oraciones artificialmente emotivas. Esa presentación emotiva de la fe, bajo su capa de banalidad, ¿no esconderá un peligroso veneno? ¿Es posible que la fe sea recta si su vivencia y su culto no son conforme al Logos[14],

---

12 *Collationes* II, 27.

13 *Collationes* I, 2: «La Iglesia, esto es, la convocación de los racionales». Es, sin embargo, importante señalar que esta racionalidad de los creyentes no es una fría especulación: «La Iglesia, que es efectivamente la unión de los racionales que viven en concordia y uniformidad por la concorde y uniforme observancia de la ley divina, por la concorde y uniforme coherencia de la paz divina, por la concorde y uniforme consonancia de la alabanza divina».

14 En el discurso de Ratisbona, tras hablar de la analogía, el papa Benedicto se refiere como inmediata consecuencia al nuevo culto cristiano. Un culto que debe ser, según san Pablo, *logike latreia* una adoración conforme al Logos. Cfr. «Eucaristía y misión» en *O.C.* XI, pp. 310–1: *En la mística griega de los primeros siglos después de Cristo creció la idea de que el Logos divino reza en el hombre mismo y así introduce al hombre en su personal pertenencia a Dios. Encontramos la misma expresión en el Canon Romano donde, inmediatamente antes de la consagración,*

145

no son racionales? ¿No desbaratan esas presentaciones del cristianismo el principio fundamental de la analogía del que hemos tratado en estas líneas al encerrarse en una afectividad inmanente y no dejar que el afecto sea orientado por el Logos divino? La respuesta, que creemos que compartiría Benedicto, nos la vuelve a dar san Buenaventura. Que sea el maestro de Bagnoregio el que cierre estas palabras:

> «Para poseer la sabiduría no basta la disciplina escolástica sin la monástica […] El enfermo nunca se cura oyendo al médico, si no observa sus prescripciones. Mas por este camino de la sabiduría van pocos, y por eso pocos llegan a la verdadera sabiduría»[15].

---

se reza para que nuestro sacrificio sea rationabilis. Es demasiado poco y equivocado traducirlo por para que sea razonable. Antes bien pedimos para que sea un sacrificio del Logos. En este sentido pedimos para que los dones sean transformados, pero no sólo por eso, sino que la petición va precisamente en el sentido que expresa la carta a los Romanos: pedimos para que el Logos, Cristo, que es el verdadero sacrificio, nos incluya a nosotros mismos en su sacrifico, nos haga conformes al Logos, nos haga conformes a la Palabra, verdaderamente razonables, de tal forma que su sacrificio sea el nuestro y sea acogido por Dios como nuestro, se nos pueda imputar.

15 *Collationes* II, 3.

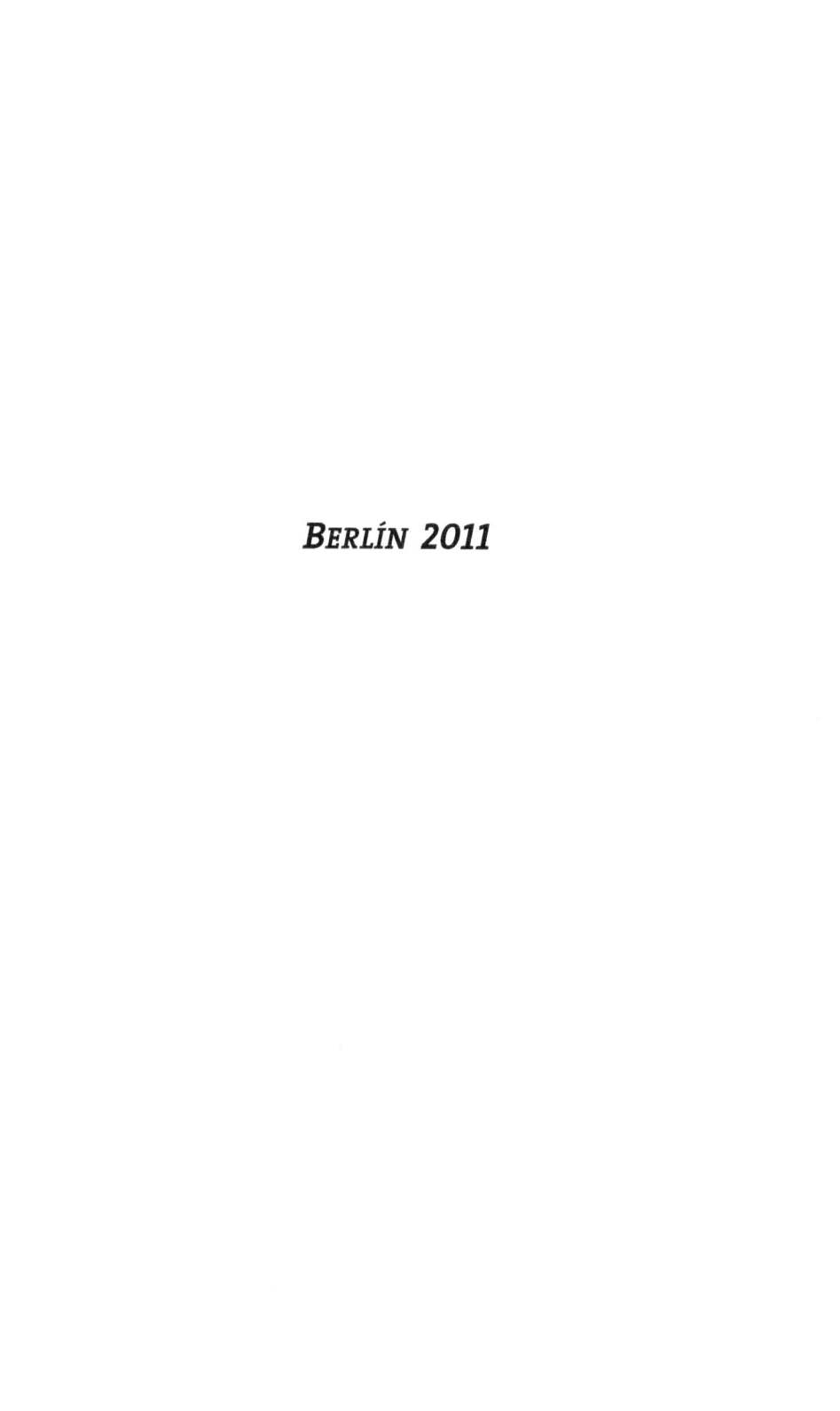

BERLÍN 2011

SOBRE EL DISCURSO DEL PAPA BENEDICTO XVI EN EL PARLAMENTO ALEMÁN

Derecho legal *vs.* Derecho justo

JAVIER BARNÉS VÁZQUEZ*

I. Introducción. Las premisas clásicas: el Derecho y la justicia como categorías equivalentes. El Derecho, para merecer tal nombre y no ser meramente aparente, ha de ser justo

La lectura del breve y enjundioso discurso de Benedicto XVI en el parlamento federal alemán[1] pone de relieve de inmediato las raíces clásicas en las que se sitúa respecto del Derecho, la justicia y la democracia contemporánea. Perspectiva clásica que se centra en primer término en el *fundamento* (y justificación) *del*

---

* Catedrático de Derecho Administrativo en la Universidad Pompeu Fabra

[1] Discurso del Santo Padre Benedicto XVI, Reichstag, Berlín, pronunciado el jueves 22 de septiembre de 2011. Para el texto en castellano, véase la versión oficial en la página web del Vaticano: https://www.vatican.va/content/benedict–xvi/es/speeches/2011/september/documents/hf_ben–xvi_spe_20110922_reichstag–berlin.html.

Derecho, en la idea de que no basta con que sea votado y aprobado democráticamente; es necesario además que la mayoría decida con criterios de justicia, que la mayoría respete la «ecología humana»[2].

Esos elementos de base del discurso podrían sintetizarse de la siguiente manera:

a)   La búsqueda y satisfacción del *bien común* o *interés general* constituye la finalidad del trabajo que realiza en primer lugar el parlamento, como representante del pueblo, elegido democráticamente.

b)   La política ha de saber *distinguir entre el bien y el mal*: ha de ser justa. Los políticos no deben preocuparse sólo por ser eficaces.

c)   El Derecho desde la Antigüedad clásica ha sido sinónimo de justicia, y no un simple producto o expresión escrita de la voluntad de quien ostenta el poder[3].

d)   Por ello, el poder es justo cuando va unido al Derecho: *servir al derecho y combatir el dominio de la injusticia es y sigue siendo el deber fundamental del político*[4].

---

2 Expresión gráfica utilizada en el mismo discurso. Véase el último epígrafe.

3 El Antiguo Testamento así lo atestigua en multitud de libros y pasajes. En ocasiones, se presentan explícitamente juntos. Así, por ejemplo, en *Reyes I*, 10, 9 se afirma por boca de la reina de Saba: «... el Señor te estableció como rey para que ejercieras el derecho y la justicia».

Por lo demás, y antes del cristianismo, ya se sostenía esa perspectiva. Véase la letra h) siguiente, así como lo que se recoge en el texto en el presente epígrafe.

4 Así se expresa el discurso en su segundo párrafo.

e)   En un mundo en el que la humanidad ha adquirido un poder inimaginable, hemos de distinguir aún más entre el Derecho *verdadero* y el Derecho sólo *aparente* (esto es, entre el Derecho legítimo y el Derecho legal, entre lo justo e injusto). Esta es la cuestión decisiva.

f)   Para buena parte de las materias que han de regularse jurídicamente, basta el principio de la *mayoría* (o principio democrático). Pero en las cuestiones fundamentales del Derecho (de la justicia), en las cuales está en juego la dignidad del hombre y de la humanidad, el principio de la mayoría no basta. Una persona responsable ha de buscar *criterios de orientación* para asegurar que el Derecho sea justo. Hay que escuchar el corazón, la conciencia, y discernir racionalmente, atendiendo a la naturaleza (a la «ecología humana»), qué es lo bueno y lo justo, y que es lo malo porque va contra la naturaleza[5].

g)   Y esa orientación para un político democrático es hoy más difícil que nunca. Puede resultar más evidente frente a un régimen totalitario, como ocurrió con el nazismo, cuyo Derecho legal era profundamente injusto. Pero no lo es tanto cuando se trata de determinar en un

---

5 En los inicios del discurso, el Papa afirma: *Permítanme que comience mis reflexiones sobre los fundamentos del derecho con un breve relato tomado de la Sagrada Escritura. En el primer Libro de los Reyes, se dice que Dios concedió al joven rey Salomón, con ocasión de su entronización, formular una petición. ¿Qué pedirá el joven soberano en este momento tan importante? ¿Éxito, riqueza, una larga vida, la eliminación de los enemigos? No pide nada de todo eso. En cambio, suplica: «Concede a tu siervo un corazón dócil, para que sepa juzgar a tu pueblo y distinguir entre el bien y mal» (1 R 3,9). Con este relato, la Biblia quiere indicarnos lo que en definitiva debe ser importante para un político. Su criterio último, y la motivación para su trabajo como político, no debe ser el éxito y mucho menos el beneficio material. La política debe ser un compromiso por la justicia y crear así las condiciones básicas para la paz.*

régimen democrático lo que es *justo respecto de las cuestiones antropológicas fundamentales.*

h)   ¿Cómo reconocer entonces lo que es justo? *En el siglo II a.c.*, recuerda Benedicto XVI, *se produjo un encuentro histórico entre el Derecho natural social, desarrollado por los filósofos estoicos, y notorios maestros del Derecho romano, naciendo con ello la cultura jurídica occidental, que ha sido y sigue siendo de una importancia determinante para la cultura jurídica de la humanidad*[6].

i)   No hay una solución «religiosa» a este dilema. Los teólogos cristianos se han opuesto siempre a un Derecho religioso; se han puesto de parte de la filosofía, reconociendo a la razón y a la naturaleza, en su mutua relación, como fuente jurídica válida para todos en lo que hace a las grandes cuestiones que afectan al ser humano. En efecto, el cristianismo nunca ha impuesto al Estado y a la sociedad un Derecho supuestamente revelado. Se ha apoyado, en cambio, en la *naturaleza* y en la *razón* como *fuente del Derecho.*

Hasta aquí las primeras afirmaciones del discurso. Baste añadir por nuestra parte que Derecho y justicia se han presentado como realidades inseparables a lo largo de la historia. Así, por ejemplo, en el siglo I a.c., Cicerón, recogiendo el pensamiento jurídico de la época, afirmará que la justicia y el Derecho se han de fundar en la naturaleza; y que la mera utilidad no sirve de fundamento último para justificar el Derecho, ya que una utilidad será siempre sustituible por otra. Si el Derecho se fundase en la mera voluntad de los pueblos, en las órdenes de los gobernantes, en las sentencias de los jueces, sin tener en cuenta la justicia basada en la naturaleza, «habría derecho a robar, a cometer adulterio, a falsificar testamentos, si tales actos fueran aprobados por los votos o las decisiones del vulgo. Porque es

---

6 Discurso, tercer párrafo.

tan grande el poder de las opiniones y órdenes de los necios, que con sus votos se invierte el orden natural, ¿por qué no sancionan que se tenga por bueno y beneficioso lo que es malo y perjudicial?, ¿o por qué –dado que la ley puede convertir en justo lo injusto– no va a poder hacer ella misma de un mal un bien? Sin embargo, nosotros no podemos distinguir una ley buena de una mala si no es por la norma de la naturaleza. Y la naturaleza no sólo distingue entre lo justo y la injusticia, sino absolutamente entre todos los comportamientos honestos y los vergonzosos». Cicerón alude, pues, a la naturaleza, no en el sentido funcional y científico que ha adquirido en nuestro tiempo (analítico; de causa y efecto), sino a la naturaleza, humana en primer lugar, entendida en sentido filosófico, si se quiere llamar así: «la naturaleza nos dio a conocer un sentido común y nos infundió atisbos de él en nuestros espíritus, de manera que lo honesto se coloca del lado de la virtud, lo vergonzoso, del de los vicios; considerar que todo esto se fundamenta en la opinión, no en la naturaleza, es de locos». Del mismo modo que las cualidades de un caballo o de un árbol no tienen su origen en opiniones, sino en sus respectivas naturalezas, lo honesto y lo vergonzoso deben ser diferenciados por naturaleza. Y es que el bien en sí no radica en las opiniones, sino en la naturaleza. En definitiva, «el bien supremo es vivir de acuerdo con la naturaleza, esto es, disfrutar de una vida moderada y conforme a la virtud, lo que es igual, seguir la naturaleza y vivir tomándola como ley»[7].

En la misma línea, Agustín de Hipona, en el siglo V, y así es citado en el propio discurso de Benedicto XVI, dirá: «Quita el

---

7 CICERÓN, Marco Tulio, *Las leyes*, Libro I, Editor digital: Titivillus, 2019.

Derecho (es decir, añadimos nosotros, quita la justicia) y, entonces, ¿qué distingue el Estado de una gran banda de bandidos»[8].

Basados en esta convicción –continúa el discurso–, *los combatientes de la resistencia actuaron contra el régimen nazi y contra otros regímenes totalitarios, prestando así un servicio al Derecho y a toda la humanidad. Para ellos era evidente, de modo irrefutable, que el Derecho vigente era en realidad una injusticia.*

Tal es el tema en cuyo derredor gira el discurso: el Derecho legal *vs.* Derecho legítimo o justo en el mundo contemporáneo. ¿Cómo diferenciarlos? ¿Qué hacer para asegurar que el Derecho sea siempre justo o legítimo? A tal propósito, Benedicto XVI propone algunas consideraciones sobre los fundamentos del «Estado liberal de Derecho», expresión ésta que debe entenderse en el sentido de un Estado fundado en una *democracia liberal y representativa*, lo que supone de entrada que el pluralismo político forma parte de sus esencias.

Seguidamente se aborda nuestro breve comentario sobre el discurso a través de cuatro puntos: algunas claves para ponerlo en su contexto, la clásica tensión entre Derecho legal y Derecho justo, consideraciones implícitas o entrelíneas, y mensaje final.

II. *Algunas claves de contexto*

La relevancia histórica del discurso se puso de manifiesto en el mismo instante en que se pronunció. Contra todo pronóstico –nadie es profeta en su tierra y la hostilidad previa de ciertos medios de comunicación era manifiesta–, arrancó una profunda admiración y tuvo un eco que traspasó de inmediato las fronte-

---

8 *De Civitate Dei*, IV, 4, 1. *Apud* Discurso (nota 1).

ras del parlamento y de la sociedad alemanes. Así, resumía *L'Osservatore Romano*, en su edición española, el discurso en un solo titular «el deber fundamental del político es servir al Derecho y combatir la injusticia». Es una expresión, la de «servir al Derecho» (como sinónimo de justicia), que aunque arraigada en las más profundas raíces de la cultura europea (grecorromanas y judeocristiana)[9], resulta hoy día extraña en el plano político y en el mundo jurídico. Se habla por ejemplo de aprobar normas y de aplicarlas, pues al fin y al cabo el político quiere «poner por escrito», escribir en piedra, de modo vinculante su programa. A eso reduce con frecuencia su entendimiento del Derecho. Si la norma anterior –o la sentencia– no gusta, se cambia sin más. Pocos piensan en «servir al Derecho». Bien podría decirse, y valga la ironía, que la famosa frase, acaso apócrifa, de Luis XIV de Francia –«el Estado soy yo»– cabría sustituirla hoy día por la que *de facto* pronunciarían los parlamentos: «el Derecho soy yo», sin más.

A nuestro juicio, para poner en su debido contexto el discurso es necesario tener en cuenta, primero, su conexión con otras intervenciones anteriores de Benedicto XVI[10], como las

---

[9] En la Biblia, por ejemplo, se encuentran múltiples manifestaciones. En ocasiones, se habla de «buscar el Derecho» (que también se traduce por «buscar la justicia»), como en *Isaías*, 1,17. Véase también la nota 3.

[10] Sobre algunas de estas intervenciones, véase ROUCO VARELA, A. M., «¿Un nuevo retorno del derecho natural? A propósito del Discurso de Benedicto XVI en el Bundestag»: *Ius Communionis* 7/2 (2019) 229–47, repositorio.sandamaso.es/handle/123456789/1756.

dirigidas al parlamento italiano[11] o al británico[12]; segundo, la insistencia de Ratzinger en su diálogo con grandes intelectuales en la recuperación de las raíces de Europa, que parece odiarse a sí misma[13]; tercero, sus tres amores intelectuales (S. Agustín, John Henry Newman, y Romano Guardini)[14]; y, cuarto, el profundo carácter alemán del discurso, dirigido sí, a los representantes del pueblo, pero en segundo plano a ambas Iglesias, católica y evangélica, a los judíos, y a los no creyentes, y en el que apela a la conciencia histórica alemana en el marco de la cultura occidental. Y entre sus luces destaca la singular contribución que, después de la segunda posguerra mundial, ha hecho Alemania al progreso jurídico de occidente, con una influyente Constitución entendida como norma jurídica directamente aplicable, basada en la dignidad humana, con su avanzada jurisprudencia y doctrina.

---

11 Baste recordar por ejemplo los sucesivos intercambios epistolares con presidentes de la Cámara o del Senado (PERA, Marcello, CASINI, Pier Ferdinando).

12 Westminster Hall–City of Westminster, viernes 17 de septiembre de 2010 (puede consultarse en–https://www.vatican.va/content/benedict–xvi/es/speeches/2010/september/documents/hf_ben–xvi_spe_20100917_societa–civile.html).

13 Son numerosos los escritos sobre Europa, publicados en solitario o en diálogo con otros autores, como PERA, Marcello.

14 Todos ellos preocupados por la conciencia impresa en el corazón del hombre, con independencia de su fe, para discernir el bien y el mal, así como por la búsqueda de la verdad. Recuérdese que tantos libros del Antiguo Testamento insisten en la misma idea. Por ejemplo, el *Salmo 37*(36) dice que «da boca del justo expresa sabiduría y su lengua dice lo que es recto: la ley de Dios está en su corazón y sus pasos no vacilan».

III. La cuestión fundamental: ¿cómo conseguir que el Derecho legal, el que se forma en un régimen democrático contemporáneo, sea en realidad también justo?

La cultura jurídica occidental se ha preocupado por esta cuestión desde antes de la era cristiana, como se ha hecho notar. A finales del siglo XIX y la primera parte del siglo XX. se relativizó esta concepción, sin embargo, y quedó en un cierto olvido a manos de un cerrado positivismo jurídico: la ley es la ley. Y no necesita más fundamento que el de esa propiedad formal de ley, es decir, la justificación de haber sido aprobada por el cauce establecido. Ello traerá consecuencias devastadoras, como es bien sabido y de inmediato se recuerda: el principio de que la «ley es la ley» predominó entre los juristas alemanes en la época de la segunda guerra mundial. La idea de la arbitrariedad legal (esto es, de que una ley pudiera ser arbitraria o injusta), se consideraba entonces como una contradicción en sí misma. Así maniató el régimen nazi a los juristas: no hay más Derecho que el que el poder dicte.

> Cada generación, al tratar de progresar en el bien común, debe replantearse: ¿Qué exigencias pueden imponer los gobiernos a los ciudadanos de manera razonable? Y ¿qué alcance pueden tener? ¿En nombre de qué autoridad pueden resolverse los dilemas morales? Estas cuestiones nos conducen directamente a la fundamentación ética de la vida civil. Si los principios éticos que sostienen el proceso democrático no se rigen por nada más sólido que el mero consenso social, entonces este proceso se presenta evidentemente frágil. Aquí reside el verdadero desafío para la democracia[15].

La historia nos desvela injusticias de proporciones gigantescas, que, sin embargo, estaban amparadas formalmente por el

---

15 BENEDICTO XVI ante el parlamento británico, *cit.*

157

Derecho vigente en aquel momento, por un Derecho sólo aparente. Baste pensar en la esclavitud[16] o en los campos de concentración nazis[17]. Hoy, podemos pensar en las crisis económicas y financieras, fruto de medidas pragmáticas y de corto plazo que no sirven para resolver complejos problemas sociales y éticos[18]. O en la desprotección y desconocimiento del derecho a la vida. O si se quiere pensar en cuestiones con menor eco podría examinar si el sistema fiscal se basa en razones de mera utilidad y eficiencia prácticas o en criterios de justicia fiscal; o si la deuda pública respeta la justicia generacional, y así sucesivamente. Ante la injusticia no cabe responder, como pretendieron aquellos funcionarios alemanes de la época nazi: «la ley es la ley».

Las respuestas que se han dado en la búsqueda de ese fundamento del Derecho y de la justicia han sido diversas. En lo que aquí interesa y desde la perspectiva occidental, se subraya la naturaleza y la razón como verdaderas fuentes del Derecho, y desde luego la conciencia personal, como ha quedado dicho. El cristianismo no ha propugnado un Derecho religioso, una solu-

---

16 Ante el parlamento británico, un año antes, había dicho: *la dimensión ética de la política tiene consecuencias de tal alcance que ningún gobierno puede permitirse ignorar. Un buen ejemplo de ello lo encontramos en uno de los logros particularmente notables del Parlamento Británico: la abolición del tráfico de esclavos. La campaña que condujo a promulgar este hito legislativo estaba edificada sobre firmes principios éticos, enraizados en la ley natural, y brindó una contribución a la civilización de la cual esta nación puede estar orgullosa.*

17 Por ejemplo, la Ley francesa (del régimen de Vichy), de 4 de octubre de 1940 dispuso que «los ciudadanos de raza judía podrán ser internados en campos especiales por decisión del Prefecto del Departamento en que residan».

18 Así, BENEDICTO XVI en el parlamento británico, *cit.*

ción revelada. Se ha apoyado, eso sí, en la razón y en la naturaleza para derivar efectos sobre posiciones fundamentales que afectan al ser humano[19].

IV. ¿Qué hay entre líneas en el discurso?

A nuestro juicio, entre líneas se pueden intuir dos fenómenos implícitos en el énfasis de Benedicto XVI en la búsqueda de democracias justas, que sirvan al Derecho[20].

El primero se refiere a una conquista histórica, poco advertida, iniciada después de la hecatombe moral de la segunda posguerra mundial. Me refiero a la «revolución silenciosa» que, en favor de la incondicionalidad de la dignidad humana, tiene lugar a partir de 1948 en el plano internacional a nivel mundial, del Derecho de la Unión Europea y de las constituciones nacionales, comenzando por la alemana, hoy en vigor, de 1949[21]. Dig-

---

19 Así se expresa el discurso.

20 Tal preocupación expresada en el parlamento alemán ya había sido advertida en otras comparecencias similares en años anteriores, como se ha visto. Véase el epígrafe anterior y las referencias a pie de página.

21 Así, en primer lugar, la Declaración Universal de Derechos Humanos, aprobada por las Naciones Unidas el 10 de diciembre de 1948. En su Preámbulo (primer párrafo), se puede leer: «Considerando que la libertad, la justicia y la paz en el mundo tienen por base el reconocimiento de la dignidad intrínseca y de los derechos iguales e inalienables de todos los miembros de la familia humana...» Más adelante insiste: «Considerando que los pueblos de las Naciones Unidas han reafirmado en la Carta su fe en los derechos fundamentales del hombre, en la dignidad y el valor de la persona humana y en la igualdad de derechos de hombres y mujeres; y se han declarado resueltos a promover el progreso social y a elevar el nivel de vida dentro de un concepto más amplio de la libertad...»

Su artículo primero, significativamente, dispone que «todos los seres humanos nacen libres e iguales en dignidad y derechos y, dotados como están de razón y conciencia, deben comportarse fraternalmente los unos con los otros».

Luego se repetirá en tratados internacionales y constituciones a lo largo de todo el siglo XX y comienzos del XXI. Tal es el caso de la Convención Internacional sobre la Eliminación de todas las Formas de Discriminación Racial de 1965, del Pacto Internacional de Derechos Civiles y Políticos de 1966, del Pacto Internacional de Derechos Económicos, Sociales y Culturales de 1966 o de la Convención sobre los Derechos del Niño de 1989, entre otros.

Igualmente, el Tratado de la Unión Europea (en su versión consolidada), subraya la centralidad de la dignidad humana. Así, el art. 2 dispone que «(l)a Unión se fundamenta en los valores de respeto de la dignidad humana, libertad, democracia, igualdad, Estado de Derecho y respeto de los derechos humanos, incluidos los derechos de las personas pertenecientes a minorías. Estos valores son comunes a los Estados miembros en una sociedad caracterizada por el pluralismo, la no discriminación, la tolerancia, la justicia, la solidaridad y la igualdad entre mujeres y hombres». Y su art. 21.1 añade que «(l)a acción de la Unión en la escena internacional se basará en los principios que han inspirado su creación, desarrollo y ampliación y que pretende fomentar en el resto del mundo: la democracia, el Estado de Derecho, la universalidad e indivisibilidad de los derechos humanos y de las libertades fundamentales, el respeto de la dignidad humana, los principios de igualdad y solidaridad y el respeto de los principios de la Carta de las Naciones Unidas y del Derecho internacional».

Finalmente, la Carta Europea de Derechos Fundamentales, afirma: «Consciente de su patrimonio espiritual y moral, la Unión está fundada sobre los valores indivisibles y universales de la dignidad humana, la libertad, la igualdad y la solidaridad, y se basa en los principios de la democracia y el Estado de Derecho. Al instituir la ciudadanía de la Unión y crear un espacio de libertad, seguridad y justicia, sitúa a la persona en el centro de su actuación».

El artículo 1, intitulado «dignidad humana», bajo la rúbrica del Título I –«Dignidad»– declara que «(l)a dignidad humana es inviolable. Será respetada y protegida». Nótese que la dignidad le da nombre al entero Título I, presentándose así como la cobertura o fundamento de los derechos que cita: vida, integridad, prohibición de tortura y de las penas o los tratos inhumanos o degradantes, prohibición de la esclavitud y de los trabajos forzados.

nidad humana que, como fundamento de los derechos y libertades, permite guiar y orientar en positivo a las democracias, obligándoles por ejemplo a satisfacer necesidades del ser humano, al tiempo que, en negativo, se les prohíben determinadas acciones que pudieran ser atentatorias de la dignidad humana, por más que pudieran contar con un apoyo mayoritario. Al fin y al cabo, como es sabido, los derechos fundamentales tienen por objeto defender a las minorías, de modo que por mayoría no se le puede imponer a nadie una forma de pensar, juzgarlo sin ser oído, impedir su libertad de expresión... La democracia supone y significa gobierno limitado porque la mayoría no puede decidir lo que le plazca. No es omnipotente. De entrada, ha de respetar los derechos fundamentales[22]. Ciertamente, la idea de la dignidad humana es una conocida aportación del pensamiento cristiano, aunque hunde sus raíces en la Antigüedad

---

A nivel constitucional destaca la Constitución alemana, la más influyente del siglo XX, en cuyo primer artículo, párrafo primero, se establece que «la dignidad humana es inviolable. Su respeto y protección es obligación de todos los poderes públicos del Estado». Precepto éste que no ha quedado en una promesa, en un pío deseo o en una declaración programática a la espera de su realización por el legislador, sino que ha permitido extraer consecuencias y efectos jurídicos concretos al más alto nivel.

En realidad, y por decirlo en pocas palabras, la dignidad humana se ha mostrado en el constitucionalismo contemporáneo occidental como la base y fundamento de los derechos y libertades. Así, el art. 10.1 de la Constitución española de 1978 afirma que «(l)a dignidad de la persona, los derechos inviolables que le son inherentes, el libre desarrollo de la personalidad, el respeto a la ley y al derecho de los demás son fundamento del orden político y de la paz social».

22 Sobre el tema, y con carácter divulgativo, puede leerse CASSESE, S., *La democracia y sus límites*, Global Law Press / Editorial Derecho Global, Sevilla, 2019. Una introducción en abierto en https://globallawpress.org/la–democracia–y–sus–limites/.

clásica. El hecho es que como concepto jurídico ha adquirido carta de naturaleza y se ha consagrado en el Derecho positivo.

El segundo fenómeno, en cambio, alude al aparente agotamiento de los efectos benéficos de esa revolución. El cambio de era al que parecemos asistir por tantos conceptos lleva aparejado también un pretendido debilitamiento de los derechos fundamentales, que se ven socavados desde diversos frentes, y con ellos la dignidad humana. No procede aquí un análisis jurídico que así lo acredite[23], pero sí cabe hacer una consideración

---

[23] Baste notar que los instrumentos defensivos que el Derecho tradicional ha elaborado se han diseñado particularmente para luchar contra las injerencias y ataques a los derechos fundamentales que venían «de frente». Ese instrumental no estaba diseñado para repeler ataques desde dentro, más sutiles, del mismo modo que la democracia podía verse atacada desde fuera, «con los tanques en la calle», y para ello contaba con sus mecanismos de defensa, pudiendo quedar, sin embargo, más inerme frente al socavamiento interno que la desnaturaliza aunque guarde ciertas apariencias. Antes el enemigo venía de frente y con uniforme. Hoy está dentro y no lleva signos distintivos.

Ahora los ataques a los derechos fundamentales se producen, no ya sólo «de frente», sino «en los flancos», al fundamentalizar elementos que no hacen sino restar espacio a los verdaderos derechos fundamentales (si fundamentalizo una opinión concreta, le quito espacio a la libertad de expresión; si fundamentalizo la eutanasia, menoscabo el espacio propio del derecho a la vida, que habría de incluir prestaciones adecuadas de medicina paliativa, y así sucesivamente). También llegan los ataques «desde atrás» al reducir el pluralismo político e imponer cosmovisiones y antropologías a toda la sociedad, sirviéndose para ello de discriminaciones positivas que acaban con la igualdad, o de las libertades educativas transformadas en canales por los que circula el «software» oficial que ha de inocularse a las jóvenes generaciones, entre otras estrategias.

En suma, hoy son objeto de especial agresión los derechos a la vida, la libertad ideológica, de conciencia y de religión, el derecho a la igualdad y la libertad de expresión e información. A ello se añaden las libertades hasta cierto punto «robadas», como son la manifestación y la reunión, bien por su prohibición, o bien porque son impulsadas por el propio aparato político y

de otro orden. Y es la siguiente: la generación que padeció y sufrió los horrores de la segunda posguerra mundial, de sus consecuencias y efectos, que sobrevivió a las graves crisis económicas y sociales del siglo XX, ha desaparecido. Es decir: ha desaparecido la generación que supo dar un paso adelante en el progreso jurídico y ético, que valoró lo que había conquistado porque venía de muy lejos.

Pues bien, si es cierto que la sabiduría nace del sufrimiento, como se afirma en los libros sapienciales, y que las experiencias más vitales parecen intransferibles, habría razones para temer que las generaciones más jóvenes, que no han sufrido lo que las anteriores, y que han dado por supuestas esas conquistas, puedan no valorar, ni advertir, el creciente debilitamiento al que asistimos.

Íntimamente relacionado con el socavamiento de los derechos y libertades, y de la incondicionalidad de la dignidad humana, a que se ha aludido, son de destacar los movimientos de

---

no por el individuo frente al poder. Igualmente mutadas, por lo dicho, aparecen las libertades educativas.

Por razones contingentes o circunstanciales, se encuentran minorados en España el derecho a la tutela judicial efectiva, que lo es ante todo y en su sentido más primigenio frente al Ejecutivo y las Administraciones, a resultas de la transformación de los recursos de casación y de amparo en recursos graciables. Y el derecho de acceso a la función pública en sentido amplio en condiciones de igualdad, mérito y capacidad, un derecho que nunca ha quedado plenamente satisfecho pero que hoy hace aguas por muchos sitios, aun cuando el trabajo en el sector público y en la Administración puede considerarse además como un «bien público», que en una democracia ha de ser de libre acceso en las referidas condiciones.

Podríamos seguir, pero nos llevaría lejos. Es suficiente añadir la obsolescencia del entendimiento tradicional de ciertas libertades. Así, el derecho a sindicarse reservado a los que tienen trabajo, pero en la práctica negado a quienes no lo tienen —los débiles de la ecuación— no es sino una muestra más.

pensamiento único, contrarios al pluralismo y, por ello, a la democracia liberal y representativa, de una implacable agresividad en la imposición de una cosmovisión y una antropología, de entre las muchas existentes.

V. El mensaje principal del discurso

A nadie escapa que no es lo mismo decidir sobre la cuantía de un impuesto (el IVA del azúcar, por ejemplo), que sobre cuestiones antropológicas (como las relativas a la sexualidad o el género, por ejemplo). Para estas últimas, en las que está en juego la dignidad de la persona, una persona responsable –ciudadano y político– ha de buscar *criterios de orientación* en los que apoyarse.

Tal es la propuesta principal que hace Benedicto XVI a los demócratas: no todo se puede decidir por mayoría sin tener en cuenta otras consideraciones, puesto que la mayoría puede ser injusta y contraria a la humanidad; en las cuestiones fundamentales del Derecho, el principio de la mayoría no basta.

Y en tal sentido propone atender, escuchar a la naturaleza. Hay también una «ecología humana» que ha de respetarse. Para ello es necesario seguir la razón, tener un corazón dócil capaz de distinguir entre el bien y el mal[24].

---

24 Esta idea central del discurso, aunque en forma breve y a modo de propuesta e inquietud, es desarrollada con mayor detalle, y a cuya lectura nos remitimos.

BENEDICTO XVI Y LOS FUNDAMENTOS DEL ESTADO LIBERAL DE DERECHO

IGNACIO SÁNCHEZ CÁMARA*

Introducción

El 22 de septiembre de 2011 pronunció Benedicto XVI un importantísimo discurso en el Bundestag, en el que trató el problema de los fundamentos del Estado liberal de derecho. Las siguientes palabras constituyen una glosa de este texto y una reflexión ulterior.

Los dos más grandes problemas filosóficos son el sentido y el fundamento de lo real. Y si se trata de una realidad particular, como, por ejemplo, la democracia liberal y el Estado de derecho, determinar qué son, cuál es su realidad, y en qué motivos o razones pueden apoyarse, es decir, cuál es su razón de ser o fundamento. El principio de razón suficiente fue formulado así por Leibniz: «Nada es sin razón o fundamento».

---

* Catedrático de Filosofía en la Universidad Rey Juan Carlos

Benedicto XVI comienza sus reflexiones sobre los fundamentos del Estado liberal de derecho con un breve texto bíblico. En el primer Libro de los Reyes, se cuenta que Dios concedió al joven rey Salomón, con ocasión de su entronización, formular una petición. El joven soberano no pidió éxito, riqueza, una larga vida o la eliminación de sus enemigos. Esta fue su petición: «Concede a tu siervo un corazón dócil, para que sepa juzgar a tu pueblo y distinguir entre el bien y el mal» (*1 R*, 3,9). La Sagrada Escritura nos muestra así, a través de la petición de Salomón, qué es lo que debe ser más importante para un político: un corazón dócil para distinguir el bien y el mal. Esto naturalmente significa que el bien y el mal existen.

Afirma Benedicto XVI: *La política debe ser un compromiso por la justicia y crear así las condiciones básicas para la paz.* La política ha de estar subordinada a la justicia, y el político no determina su contenido, el bien y el mal de la sociedad, sino que preexisten a él.

> *Servir al derecho y combatir el dominio de la injusticia es y sigue siendo el deber fundamental del político. En un momento histórico, en el cual el hombre ha adquirido un poder hasta ahora inimaginable, este deber se convierte en algo particularmente urgente. El hombre tiene la capacidad de destruir el mundo. Se puede manipular a sí mismo. Puede, por decirlo así, privar de su humanidad a otros seres humanos. ¿Cómo podemos reconocer lo que es justo? ¿Cómo podemos distinguir entre el bien y el mal, entre el derecho verdadero y el derecho sólo aparente? La petición salomónica sigue siendo la cuestión decisiva ante la que se encuentra también hoy el político y la política misma.*

El criterio de la mayoría

Muchos piensan que el criterio de la mayoría puede ser suficiente, pero no es así. El criterio de la mayoría puede ser injusto. Se plantea así el problema de las relaciones entre la moral y la democracia. Cabe preguntar si la moral se fundamenta en la democracia, o, por el contrario, es la democracia la que se fundamenta en la moral. Es posible hablar de la moral al menos en tres sentidos. Podemos referirnos a la moral de los diferentes sistemas morales o religiosos. Así, puede hablarse de la moral existencialista o de la moral kantiana. En segundo lugar, podemos referirnos a la moral social, a la moral dominante en una nación, un grupo o una comunidad. Así, cabría hablar de la moral vigente en Europa o en la clase política o empresarial. Y, en tercer lugar, y acaso sea este el sentido eminente, puede hablarse de la moral de la convicción personal. Se refiere entonces a los principios o valores que asume una persona en conciencia. Naturalmente estas convicciones personales pueden proceder, y esto es lo que usualmente ocurre, de la moral social o de la moral de alguno o algunos de los sistemas religiosos o filosóficos.

La determinación de lo que está bien o mal en el orden moral no puede depender de las opiniones cambiantes de los hombres y, por supuesto, tampoco de la mayoría de ellos. El sufragio universal no puede erigirse en criterio de la moralidad. Por lo tanto, la moral no puede fundamentarse en la democracia, sino, por el contrario, es la democracia la que debe encontrar su fundamento en la moral. Además, debe hacerlo en un doble sentido. Por un lado, habrá que determinar si la democracia como sistema político puede fundamentarse en principios morales. Pero también será necesario discernir si las decisiones tomadas democráticamente, según la regla de las mayorías, son justas o no lo son. A esto hay que añadir que el principio de las mayorías es condición necesaria pero no suficiente de la existencia de una verdadera democracia. Y no sólo porque las decisiones adoptadas puedan ser injustas, sino también porque la democracia no es sólo el gobierno de la mayoría, sino que requiere otros principios como el respeto a los derechos humanos o la separación de poderes (al menos, la democracia liberal, si es que verdaderamente hay otro tipo de democracia). Es la democracia la que ha de fundamentarse en la moral, y no la moral en la democracia.

Benedicto XVI afirma que:

Para gran parte de la materia que se ha de regular jurídicamente, el criterio de la mayoría puede ser un criterio suficiente. Pero es evidente que en las cuestiones fundamentales del derecho, en las cuales está en juego la dignidad del hombre y de la humanidad, el principio de la mayoría no basta: en el proceso de formación del derecho, una persona responsable debe buscar los criterios de su orientación.

Uno debe oponerse a la injusticia, aunque sea promovida por la mayoría. La máxima de la omnipotencia de la mayoría es impía y destructora de la libertad. No se trata sólo de que hay que obedecer a Dios antes que a los hombres; no es sólo un asunto de fe. Quien no sea creyente debe apelar a la razón y a la naturaleza para orientar su conducta y sus decisiones. El fundamento último de la moral es religioso, pero también existe un fundamento metafísico o racional derivado de la religión.

El reconocimiento de lo justo

Pero, como afirma Benedicto XVI, hoy no es de modo alguno evidente de por sí lo que es justo respecto a las cuestiones antropológicas fundamentales y pueda transformarse así en derecho vigente.

¿Cómo se reconoce lo que es justo? En la historia, los ordenamientos jurídicos han estado casi siempre motivados de modo religioso: sobre la base de una referencia a la voluntad divina, se decide aquello que es justo entre los hombres. Contrariamente a otras grandes religiones, el cristianismo nunca ha impuesto al Estado y a la sociedad un derecho revelado, un ordenamiento jurídico derivado de una revelación. En cambio, se ha remitido a la naturaleza y a la razón como verdaderas fuentes del derecho, se ha referido a la armonía entre razón objetiva y subjetiva, una armonía que, sin embargo, presupone que ambas esferas estén fundadas en la Razón creadora de Dios. Así, los teólogos cristianos se sumaron a un movimiento filosófico y jurídico que se había formado desde el siglo II a. C. En la primera mitad del siglo II precristiano se produjo un encuentro entre el derecho natural social, desarrollado por los filósofos estoicos, y notorios maestros del derecho romano. De

este contacto, nació la cultura jurídica occidental, que ha sido y sigue siendo de una importancia determinante para la cultura jurídica de la humanidad. A partir de esta vinculación precristiana entre derecho y filosofía inicia el camino que lleva, a través de la Edad Media cristiana, al desarrollo jurídico de la Ilustración, hasta la Declaración de los derechos humanos y hasta nuestra Ley Fundamental Alemana, con la que nuestro pueblo reconoció en 1949 "los inviolables e inalienables derechos del hombre como fundamento de toda comunidad humana, de la paz y de la justicia en el mundo"».

Y añade, y esto es de extrema importancia:

Para el desarrollo del derecho, y para el desarrollo de la humanidad, ha sido decisivo que los teólogos cristianos hayan tomado posición contra el derecho religioso, requerido por la fe en la divinidad, y se hayan puesto de parte de la filosofía, reconociendo la razón y la naturaleza, en su mutua relación, como fuente jurídica válida para todos.

Si hasta la publicación de la Ley Fundamental alemana la cuestión sobre los fundamentos de la legislación parecía clara, en el último medio siglo se ha producido un cambio dramático en la situación. «La idea del derecho natural se considera hoy una doctrina católica más bien singular, sobre la que no vale la pena discutir fuera del ámbito católico, de modo que casi nos avergüenza hasta la sola mención del término». El Pontífice analiza cómo se ha llegado a esta situación. La clave se encuentra en la tesis que afirma que entre ser y deber ser existe un abismo infranqueable porque se trataría de dos ámbitos completamente distintos y separados. La base de esta posición se encuentra en la concepción positivista de la naturaleza adoptada hoy casi generalmente. Si se considera la naturaleza, en palabras de Kelsen, «un conjunto de datos objetivos, unidos los unos a los otros como causas y efectos», no es posible derivar de ella ninguna indicación que tenga de algún modo carácter ético. Pero lo mismo sucede con el concepto positivista de razón. Para ella, todo lo que no es verificable o falsable no entra en el ámbito propio de la razón. La moral y la religión quedan relegadas al ámbito de lo subjetivo y caen fuera del campo de la razón.

Donde rige el dominio exclusivo de la razón positivista –y este es en gran parte el caso de nuestra conciencia pública– las fuentes clásicas del conocimiento del ethos y del derecho quedan fuera de juego. Ésta es una situación dramática que afecta a todos y sobre la cual es necesaria una discusión pública; una intención esencial de este discurso es invitar urgentemente a ella.

El concepto positivista de la naturaleza y la razón es, en sí mismo, algo valioso a lo que no debemos renunciar. Pero él por sí mismo no constituye una cultura que sea suficiente para todos los hombres. *Donde la razón positivista es considerada como la única cultura suficiente, relegando todas las demás realidades culturales a la condición de subculturas, ésta reduce al hombre, más todavía, amenaza su humanidad.* El positivismo jurídico deja al derecho sin fundamento. Cualquier contenido puede ser derecho.

Benedicto XVI considera que no carece de sentido reflexionar sobre si la razón objetiva que se manifiesta en la naturaleza no presupone una razón creativa, un *Creator Spiritus.*

A este punto, debería venir en nuestra ayuda el patrimonio cultural de Europa. Sobre la base de la convicción de la existencia de un Dios creador, se ha desarrollado el concepto de los derechos humanos, la idea de la igualdad de todos los hombres ante la ley, la conciencia de la inviolabilidad de la dignidad humana de cada persona y el reconocimiento de la responsabilidad de los hombres por su conducta. Estos conocimientos de la razón constituyen nuestra memoria cultural. Ignorarla o considerarla como mero pasado sería una amputación de nuestra cultura en su conjunto y la privaría de su integridad. La cultura de Europa nació del encuentro entre Jerusalén, Atenas y Roma; del encuentro entre la fe en el Dios de Israel, la razón filosófica de los griegos y el pensamiento jurídico de Roma. Este triple encuentro configura la íntima identidad de Europa. Con la certeza de la responsabilidad del hombre ante Dios y reconociendo la dignidad inviolable del hombre, de cada hombre, este encuentro ha fijado los criterios del derecho; defenderlos es nuestro deber en este momento histórico.

Y el discurso concluye con estas palabras:

Al joven rey Salomón, a la hora de asumir el poder, se le concedió lo que pedía. ¿Qué sucedería si a nosotros, legisladores de hoy, se nos concediese formular una petición? ¿Qué pediríamos? Pienso que, en último término, también hoy, no podríamos desear otra cosa que un corazón dócil: la capacidad de distinguir el bien del mal, y así establecer un verdadero derecho, de servir a la justicia y la paz.

La concepción del derecho de los romanos

La concepción jurídica de los romanos indica el camino para esta fundamentación del derecho y, con él, del Estado liberal de derecho. Los juristas romanos identificaron justicia y derecho. Ulpiano definió la justicia como «la voluntad constante y perpetua de dar a cada uno lo suyo». El *Digesto*, compilado por Justiniano, comienza con estas palabras, también de Ulpiano:

> «Cualquiera que intente estudiar el derecho (ius), tendrá que saber primero de dónde se deriva la palabra ius. Se llamó ius, de justicia, pues de acuerdo con la acertada definición de Celso, el derecho es el arte de lo bueno y lo justo. Debido a esto, se nos puede llamar muy bien sacerdotes, porque nosotros rendimos culto a la justicia, tenemos conocimiento de lo que es bueno y justo, separamos lo justo de lo injusto, discriminamos entre lo que está permitido y lo que no está permitido, con el propósito de hacer buenos a los hombres, no sólo por temor al castigo, sino también por el estímulo de la recompensa. Aspiramos, a menos que yo esté equivocado, a una verdadera filosofía, no a una filosofía aparente».

No es posible alejarse más de los dogmas del positivismo jurídico que considera derecho todo lo que adopte la forma de derecho, ya sea la norma jurídica o la sentencia judicial. El derecho consiste en la búsqueda de la justicia, en la resolución justa de los conflictos sociales. Y esto por la sencilla razón de que el derecho y la justicia van unidos, en última instancia son la misma cosa. Un derecho radicalmente injusto no es verdadero derecho. Precisamente por esto, el positivismo jurídico es incapaz de fundamentar el derecho, el Estado liberal de derecho y los derechos humanos.

El derecho no es un mero orden coactivo ni el resultado de la voluntad arbitraria de nadie, sea un hombre, una minoría o la mayoría del pueblo. Los juristas, según Ulpiano, rinden culto a la justicia, conocen lo bueno y lo justo con el propósito de hacer buenos a los hombres. El fin del derecho es moral, pues consiste en mejorar a los hombres. No es posible la justicia si no se discrimina entre el bien y el mal. La justicia es una virtud y pertenece por ello al orden moral.

El positivismo y las concepciones acerca del derecho

Tres son las principales concepciones acerca del derecho. La primera lo entiende como la ley estatal y todo lo que ella acoge. La segunda piensa que se encuentra ante todo en las resoluciones de los tribunales y otros órganos administrativos. La tercera considera que el derecho es la justicia. Tres serían las posibilidades y, en su caso, las dimensiones del derecho: ley, sentencia y justicia. Acaso las tres sean necesarias para que quepa hablar propiamente de derecho. En este sentido, el derecho y la moral se encontrarían fuertemente vinculados a través de la justicia. La tesis de la separación radical entre moral y derecho sería errónea.

En la filosofía clásica, en general, se considera que la moral y sus principios y normas son absolutos, mientras que el derecho está limitado a la función de garantizar el orden y la paz sociales y es, en este sentido, relativo. Hoy tienden a invertirse los términos y se piensa, equivocadamente, que la moral es relativa, algo propio de cada uno y sus arbitrarias opiniones, mientras que el derecho se convierte en absoluto, algo así como la moral compartida y obligatoria en conciencia.

Democracia y relativismo ético

Se ha pretendido fundamentar la democracia en el relativismo ético. Incluso que esta es la única fundamentación posible.

La idea de la existencia de la verdad moral es negada o devaluada por el relativismo ético, pues termina por conducir a su quiebra. Si el relativismo ético fuera cierto, no habría verdades morales en sentido estricto, pues la moral quedaría reducida a la condición de normas o convenciones sociales. Por lo demás, ¿es el relativismo una verdad absoluta o relativa? Si lo primero, entonces es falso. Si lo segundo, puede no ser verdadero.

En realidad, el debate bien podría haber quedado zanjado por la contundente argumentación platónica, pero no fue así. En el siglo pasado, el gran jurista Hans Kelsen pretendió fundamentar la democracia en el relativismo ético, en su ensayo *Esencia y valor de la democracia*, especialmente en su capítulo 10, titulado «Democracia y concepción del mundo».

La teoría pura del derecho pretende ser una teoría jurídica libre de valores, pues éstos, según Kelsen, no pueden ser objeto de conocimiento objetivo. No sería cierto atribuir a la teoría pura la pretensión de la legitimación de un contenido autocrático del Derecho, pero la indiferencia axiológica no parece contribuir a la exclusión de esa posibilidad. Cabe destacar dos afirmaciones. Por un lado, que la democracia es una ideología. Por otro, que se fundamenta en el relativismo axiológico. Pero si los valores son relativos, tanto lo serán los democráticos como los autocráticos.

El ensayo constituye una espléndida exposición de la democracia y una vibrante defensa de ella frente al comunismo y al fascismo. Expone el valor de la libertad y la vinculación entre la democracia y el liberalismo, la democracia de partidos; critica la inmunidad de los parlamentarios y propugna el cese de los diputados que dejen de pertenecer al partido en cuyas listas cerradas concurrieron. Defiende el unicameralismo y un sistema electoral proporcional.

El problema de las relaciones entre el relativismo ético y la democracia es tratado por Kelsen en el capítulo X, y último, de *Esencia y valor de la democracia*, titulado «Democracia y concepción del mundo»:

> «Si la democracia es sólo una forma, un método, de creación del orden social, su valor se presenta como algo extremadamente problemático. La cuestión de la forma no resuelve el problema del contenido. La democracia no resolvería la cuestión del contenido correcto de las normas. Ni siquiera los demócratas radicales pueden sostener que con la cuestión de la forma de Estado se resuelve también la del contenido del Estado, esto es, la cuestión del contenido mejor y más justo del orden del Estado. Sólo podría sostener tal cosa quien sostenga que el pueblo, y sólo el pueblo, está en posesión de la verdad y tiene el conocimiento del bien».

Una hipótesis semejante tendría que fundamentarse en la inaceptable tesis de que el pueblo o la mayoría nunca pueden equivocarse. Es cierto que algunos apologetas de la soberanía popular, como Rousseau, no están lejos de ello. Pero entonces, el defensor de la democracia se sirve aquí de un argumento que es esencialmente extraño a la democracia. Y llegamos a la cuestión decisiva: «La situación se torna desesperada para la democracia si se parte del principio de que es posible un conocimiento de la verdad absoluta, de que cabe aprehender valores absolutos». Kelsen defiende la democracia basada en el relativismo ético. Y es este su único fundamento posible, su condición de posibilidad. La gran cuestión consiste entonces en determinar si existe o no un conocimiento de la verdad absoluta, una aprehensión de valores absolutos. «Quien tiene a la verdad y a los valores absolutos por inaccesibles al conocimiento humano tiene que considerar al menos como posible no sólo la propia, sino también la opinión ajena y contraria. Por ello el relativismo es la concepción del mundo que está en la base de la idea democrática». La relatividad de los valores obliga forzosamente a rechazar el absolutismo político.

El ensayo termina con un impresionante comentario al célebre pasaje del capítulo XVIII del Evangelio de san Juan:

«En el capítulo XVIII del Evangelio de Juan se describe un episodio de la vida de Jesús. El relato sencillo, lapidario en su ingenuidad, pertenece a lo más grandioso que haya producido la literatura universal y constituye, sin pretenderlo, un símbolo trágico del relativismo y de la democracia. Es por la fiesta de Pascua, cuando Jesús, acusado de hacerse pasar por hijo de Dios y rey de los judíos, es llevado ante Pilatos, el gobernador romano. Y Pilatos pregunta irónicamente a quien a los ojos de un romano sólo puede ser un pobre loco: "¿Eres tú, pues, el rey de los judíos?" Y Jesús contesta con profunda seriedad y penetrado con la llama de su misión divina: "Tú lo has dicho. Yo soy un rey, nacido y venido al mundo para dar testimonio de la verdad. Quien está por la verdad oye mi voz". Entonces dijo Pilatos, aquel hombre de una cultura vieja, agotada, y por esto escéptica: "¿Qué es la verdad?" Y porque no sabe lo que es la verdad, y porque –como romano– está acostumbrado a pensar democráticamente, apela al pueblo y celebra un plebiscito. Se presentó ante los judíos, cuenta el Evangelio, y les dijo: "No encuentro culpa en él. Pero es costumbre entre vosotros que por Pascua libere a un reo. ¿Queréis, pues, que deje libre al rey de los judíos?" El plebiscito fue contrario a Jesús. Pues, gritando contestaron todos: "¡No a él, sino a Barrabás!". El cronista añade: "Barrabás era un ladrón"».

«Quizás se objetará, objetarán los creyentes, que precisamente este ejemplo habla antes contra la democracia que a su favor. Y hay que admitir ese reproche; pero sólo bajo una condición: que los creyentes estén tan seguros de su verdad política –que llegado

175

el caso también debe imponerse con la fuerza de la sangre– como lo estaba de la suya el Hijo de Dios». Kelsen no propone ni un solo argumento a favor del relativismo ético. Al menos, en este ensayo. Sí, o, al menos, alguno, en otras obras. En realidad, Kelsen no argumenta a favor del relativismo; más bien lo da por supuesto. Si acaso, se remite a la variabilidad de las normas morales y a su carácter social.

Existen dos cuestiones distintas (pero acaso relacionadas o dependientes): la separación entre el ser y el deber ser y la relatividad de los juicios de valor. Kelsen asume las dos cosas, pero la primera (la distinción conceptual entre lo que es y lo que debe ser o entre el Derecho y la moral), no entraña necesariamente asumir la relatividad de los juicios morales. Aunque no se compartan, como es mi caso, los presupuestos de su teoría pura del Derecho, creo que sería posible asumir la separación conceptual entre el Derecho y la moral y el estudio *puro* del Derecho *puro*, sin necesariamente asumir el relativismo ético.

Antes de discutir la validez del relativismo ético, conviene analizar su valor para fundamentar la democracia. ¿Es el relativismo moral un buen fundamento de la democracia? De ser cierta la tesis, entonces todos los no relativistas serían antidemócratas (o inconsecuentes). No faltan quienes pretenden que el totalitarismo se fundamenta en el universalismo ético, pero sin negar que la creencia en la verdad absoluta pueda en algunos casos conducir al dogmatismo y al totalitarismo, también es cierto que un camino mucho más seguro hacia éstos lo constituye el nihilismo moral, que provoca la indefensión de la sociedad ante los abusos del poder. Por otra parte, es conocida la tesis que vincula el terrorismo con el nihilismo. No es, pues, cierto que el relativismo ético esté vinculado con la democracia y el absolutismo ético con la autocracia.

El relativismo, por otra parte, es ajeno a la tradición de la Modernidad, o, si acaso, una versión extraviada de ella. Lo propio de la Ilustración es la confianza en la razón para resolver las disputas morales, y esto es, sin duda, ajeno al relativismo. Cabe recordar la pretensión de Leibniz de elaborar un cálculo, tan preciso como el matemático, que permitiría resolver todas las disputas políticas, jurídicas, morales y religiosas. Sea esto posible o no, está radicalmente en contra del relativismo. Pero si el relativismo es enemigo de la Ilustración, entonces la democracia (si sólo se puede fundamentar en él) sería ajena a la Modernidad y a la Ilustración. Por otra parte, la afirmación de que no es posible el conocimiento de los valores es un error que la axiología contemporánea ha rebatido.

Si la democracia se fundamentara en el relativismo, sus resultados y, en consecuencia, su valor, serían solo necesariamente relativos (nunca justos en sí mismos). Cabe hacer una pregunta: ¿Es justo acatar a la democracia? ¿Qué dirá el relativista consecuente? ¿Se trata de una exigencia absoluta o es ella misma relativa?

Se trata de un círculo vicioso: ¿Cómo fundamentar democráticamente la democracia? Si la democracia se fundamenta en el relativismo, su fundamento será él mismo relativo. Entonces, ella misma será relativa. En una democracia no se renuncia a tener razón, sino sólo a imponerla a los demás por la fuerza.

Lo mismo cabe afirmar de los derechos humanos. No es posible fundamentarlos en el relativismo. Su verdadero fundamento se encuentra en Dios y, de forma derivada, en la razón o en la naturaleza, es decir, en la metafísica.

No es cierto que el totalitarismo se fundamente en la existencia de convicciones morales fuertes, sino más bien en la sustitución de las convicciones por los intereses. El ascenso de los totalitarismos vino precedido por la pérdida de vigencia de las

convicciones morales clásicas y el apogeo del nihilismo. La recuperación de la moral clásica basada en los principios de la filosofía griega y de la religión cristiana constituyen la mejor defensa de la libertad y la dignidad de la persona frente a la barbarie totalitaria. Por otra parte, el cristianismo, lejos de ser un
enemigo de la democracia y la libertad, constituye el fundamento de ellas. La democracia y la modernidad han surgido en
sociedades inmersas durante siglos en el cristianismo y sus principios morales. Además, la primacía de la interioridad y la teoría
de los dos poderes, el espiritual y el temporal, ha contribuido a
la valoración y defensa de la libertad en la tradición europea.

La democracia

Por lo demás, la democracia no es un bien absoluto. Es la
mejor forma de gobierno, o la menos mala, y la que, en general
se considera legítima en nuestro tiempo, pero por sí sola no garantiza la justicia y la libertad. Lo primero, porque es posible la
existencia de leyes y decisiones del Gobierno democráticas,
pero injustas. Y, por el contrario, es posible que existan leyes
antidemocráticas justas. Podríamos tal vez afirmar que la democracia es condición necesaria pero no suficiente de la justicia.

La democracia tampoco garantiza la libertad. Tocqueville entendió la aristocracia y la democracia como dos formas o tipos
de sociedad. Cada una tiene sus respectivas formas de gobierno.
En este sentido, la democracia es una forma de sociedad basada
en la igualdad y la abolición de todo privilegio de nacimiento.
Por eso los Estados Unidos son la primera y, de momento, la
única sociedad existente que ha sido democrática desde su constitución como tal. Pero la pasión propia de los tiempos democráticos es la igualdad y no la libertad. La primera no corre peligro (Tocqueville no se refiere a la igualdad de condiciones
reales, por ejemplo, económicas) porque los hombres no se la
dejarán arrebatar. Incluso llega a decir que el despotismo, para

triunfar, necesitará apoyarse en ella. Pero la libertad no está garantizada en las sociedades democráticas. Por el contrario, se encuentra gravemente amenazada. Tocqueville no pronostica el totalitarismo contemporáneo ni la supresión violenta de las libertades. Si llegara a instalarse en una sociedad democrática, se tratará de un despotismo débil que esclavizará las mentes y dejará libres los cuerpos. Por decirlo simplificadamente el peligro es más la termitera que el campo de exterminio. La libertad no nos sería entonces arrebatada, sino en cierto sentido, perecería por desuso y falta de aprecio de ella. La democracia conduce naturalmente a la constitución de un poder único, a la concentración y centralización del poder. Ninguna tarea social es más urgente y casi sagrada que la de salvaguardar la libertad en el seno de la sociedad democrática en la que nos ha tocado vivir. Y concluye el segundo volumen de su gran obra *La democracia en América,* después de concluir que el triunfo de la democracia es inevitable y definitivo, afirmando que de nosotros depende que la democracia conduzca a la prosperidad, la civilización y la libertad, o, por el contrario, nos lleve a la miseria, la barbarie y la servidumbre.

Tocqueville no otorga a la democracia la condición de un bien absoluto. Es más justa que la aristocracia, pero ahí terminan sus ventajas. Además, sostiene que el cristianismo no es enemigo de la democracia. Por el contrario, conduce inevitablemente hacia ella. Es como si la Providencia hubiera previsto las cosas para que se llegara al triunfo de la democracia. Nada puede, pues, temer la democracia de la religión. Pero esta es una característica y efecto del cristianismo, y no del resto de las religiones monoteístas. A diferencia del judaísmo y del islam, el cristianismo optó en favor de la filosofía y de la distinción entre el poder espiritual y el poder temporal y, por ello, se opuso a toda forma de derecho revelado. Hay una moral revelada, pero el derecho es obra del poder temporal para el cumplimiento de su misión propia que es la garantía del orden y la paz y, por lo tanto, de la justicia. Esto no quiere decir, como ya ha quedado dicho, que el derecho sea ajeno a la moral. Cristo ha proclamado un mensaje de salvación, pero no un código jurídico. Y sólo sobre estos presupuestos son posibles la democracia y el estado liberal de derecho. La opción del cristianismo en favor de la filosofía no fue algo necesario o innato. Existía una viva polémica sobre esta cuestión entre los primeros escritores cristianos, pero al final, el debate se decantó en favor del valor de la filosofía para los cristianos.

No obstante, existe la idea de que la religión y la filosofía son incompatibles. Entre otros testimonios se puede citar en el siglo XX a Lev Shestov y Leo Strauss. La tesis se fundamenta en que Atenas y Jerusalén son incompatibles. La actitud de un patriarca bíblico como Abraham y un filósofo como Sócrates no son sólo diferentes sino incompatibles. El hombre piadoso acata y cumple la voluntad revelada por Dios, mientras que el filósofo busca por sí mismo una verdad de la que carece. Incluso cabría recordar que, según el *Génesis*, la búsqueda del conocimiento del bien y del mal constituye un pecado. Una misma persona no podría ser a la vez el hombre piadoso de la Biblia y el incansable buscador de la verdad. Pero ambas actitudes, Atenas y Jerusalén, forman parte esencial de la cultura europea que no puede prescindir de ninguna de las dos. El dinamismo de Europa procedería en gran parte de esa tensión entre dos actitudes inevitables e inconciliables. Creo que este análisis es sugestivo, pero pienso que es más verdadero del judaísmo (sobre todo, ortodoxo) y del islam que del cristianismo que no sólo surgió en un ambiente cultural fuertemente helenizado, sino que se entendió a sí mismo, no sin objeciones ni actitudes diferentes, como religión del *Logos*. El prólogo del Evangelio de san Juan comienza afirmando que en el principio era el *Logos* (palabra o razón) y el *Logos* era Dios. Dios es, en este sentido, Razón creadora. No puede haber nada de impío en la razón. Es natural que exista una filosofía cristiana, una filosofía elaborada por cristianos. Por eso el diálogo entre el cristianismo y la versión más ilustrada de la modernidad no sólo es posible sino fácil ya que forman parte de la misma tradición. Tal vez por eso consideró Ortega y Gasset la modernidad como el fruto tardío de la idea de Dios.

Las ideas de la ley natural y del derecho natural, respectivamente griega y romana, han podido pasar naturalmente al pensamiento cristiano, hasta el punto de que muchos piensan que se trata de conceptos originariamente cristianos. Es cierto que, junto a esta visión, que cabría calificar como intelectualista, coexiste otra tradición cristiana más centrada en la fe y en la interioridad y el sentimiento como vías hacia la verdad. Pero esta tradición no deja de ser filosófica y formar parte del pensamiento cristiano. No es enemiga de la filosofía, sino que constituye una forma diferente de entenderla y desarrollarla.

Conclusión

En conclusión, ni la democracia ni el Estado liberal de derecho pueden fundamentarse a sí mismos ni hacerlo en el relativismo. Sólo una teoría objetiva de la verdad moral y de la justicia pueden hacerlo. Pero esta teoría, aunque es conforme con la fe cristiana, no depende de ella, sino que puede ser conocida a través de la razón y de la naturaleza humana. Esta es la única forma de fundamentarlos. En caso contrario, quedan en el aire y sin fundamento y pueden por ello ser fácilmente derribados por la autocracia y el totalitarismo. La justicia es previa a la legislación humana, al derecho positivo. Este no puede determinar arbitrariamente lo que es justo y lo que no lo es. El derecho no puede ser fruto de la voluntad arbitraria del soberano, sea este quien sea, sino obra de la razón. Aristóteles definió la ley como «da razón desprovista de pasión». Ni el Parlamento ni el Gobierno pueden dirimir cuestiones morales ni decidir sobre el bien y el mal ni sobre lo justo y lo injusto. Deben buscar la justicia y el

IGNACIO SÁNCHEZ CÁMARA

bien común, pero estas son realidades que preexisten al derecho positivo, cuya tarea es concretarlos y aplicarlos.

Existen condiciones morales previas a la democracia de las que no puede disponer, sino apoyarse y fundamentarse en ellas. Por un lado, la democracia no se fundamenta a sí misma, sino que existen razones morales y jurídicas previas a su favor. Por otro lado, la legislación democrática no es omnipotente, sino que se encuentra limitada por la justicia y ésta no es algo que resulte de un pacto o acuerdo de los hombres ni de ninguna mayoría por amplia que sea, sino que existe por sí misma, con independencia de las opiniones y preferencias de los hombres. El relativismo ético no sólo no constituye el fundamento de la democracia. Por el contrario, la destruye. No admitir un orden moral por encima de los Estados es abrir la puerta al despotismo y al totalitarismo.

Por eso en toda sociedad, también y acaso especialmente en las democracias, es imprescindible la existencia de una autoridad espiritual, ejercida por minorías ejemplares que contribuyan a la formación moral e intelectual de las personas y, a su través, de la opinión pública que luego se transformará en ley. La salud de la democracia depende de varios factores, algunos técnicos como el sistema electoral, pero sobre todo está condicionada por el estado intelectual y moral de los ciudadanos. Las minorías ejemplares no pueden entones confirmar y halagar a la opinión dominante, sino criticarla y corregirla para encaminarla hacia la verdad y el bien.

Benedicto XVI invita a ese diálogo entre creyentes y no creyentes en busca de la verdad. Creo que es imprescindible no slo para fundamentar el Estado liberal de derecho, sino también para superar la grave crisis intelectual y moral que padece Europa y el Occidente entero.

CONCLUSIÓN

UNA LUZ SINGULAR: LA REVELACIÓN DEL SUJETO CRISTIANO

«El cristianismo no es obra de persuasión, sino de grandeza»[1]. Con esta hermosa cita de San Ignacio de Antioquía, el Papa Benedicto XVI resumía ante los obispos suizos el punto clave en el que reside para él el formidable desafío de la nueva evangelización en nuestros días. Era una posición tomada por la experiencia de su propia vida que fue adquiriendo progresivamente con una profunda comprensión del significado de la historia como el lugar de la actuación de Dios[2]. La pregunta a sí mismo de las razones por ser cristiano era para él el único medio de plantear el modo de situarse dentro de una sociedad que se denomina a sí misma poscristiana y que mira en especial la Iglesia católica con animadversión.

* Catedrático de Pastoral de la Familia en el PI. Juan Pablo II para el Matrimonio y la Familia y profesor invitado en la Facultad de Teología de la Universidad San Dámaso de Madrid

1 SAN IGNACIO DE ANTIOQUÍA, *Carta a los Romanos*, III, 3. Citado por: BENEDICTO XVI, *Discurso al final del encuentro con los obispos de Suiza* (9.11.2006).

2 De aquí su obra: RATZINGER, J., *Teología de la historia de San Buenaventura*, Encuentro, Madrid 2004.

Joseph Ratzinger, para introducirnos en la comprensión del papel del cristianismo en el tiempo actual, hizo referencia a la conocida imagen de Søren Kierkegaard de un payaso. El payaso, que trabaja en un circo, se da cuenta de que se ha producido un incendio y sale corriendo a la pista para alertar al público exclamando ¡Fuego! ¡Fuego! Todos aplauden enardecidos por lo que suponen una actuación excelente del payaso[3]. Esta posición de un personaje que sirve para divertir, porque nadie le toma en serio, pero que tiene la dramática tarea de comunicar lo más esencial para la vida, le sirve al pensador danés para centrar el tema que condujo su pensamiento y marcó toda su vida. El cristianismo anuncia al hombre *la salvación* que tantos hombres no quieren ni siquiera oír mencionar, y la hace presente en el mundo por medio de la Iglesia que es el «sacramento de salvación»[4], porque la hace efectiva. Eso, dentro de un mundo que pretende no escucharla. Es una situación dramática y llena de preguntas.

La fuerza del cuento narrado por Kierkegaard es grande, se comprende bien que, en todo caso, el payaso es un invitado que fácilmente se convierte en molesto, hasta el punto de que hace pensar que es un poco intruso y que es mejor que se calle. Su papel está establecido desde el principio y no se le puede consentir que se exceda de él en ningún momento. No se trataría del rechazo de una actuación por ser mala, sino de su misma presencia, porque se descalifica de raíz cualquier autoridad en la sociedad. Así, de facto, se permite a todos expresar sus opiniones en público, pero se censura al cristianismo para que sólo diga lo que es políticamente correcto.

---

3 En: Ratzinger, J., *Introducción al cristianismo*, c. 1, en *Obras Completas*, IV, BAC, Madrid 2018, 28–9. Con referencia a: Cox, H., *Stadt ohne Gott?*, Evangelische Buchgemeinde, Stuttgart 1966, 265.

4 Cfr. Concilio Vaticano II, Cons. Dog. *Lumen gentium*, n. 1.

Esto es lo que vivió nuestro autor ya en los años sesenta cuando, en medio de la revolución cultural y sexual del 68, la pretensión cristiana quedaba directamente en entredicho. Es entonces cuando formuló de modo claro la pregunta que llevaba ya en su interior: ¿por qué ser cristiano ahora?

Él tomaba este contexto de forma seria, siguiendo el modelo de su maestro Romano Guardini que, cuando fue nombrado catedrático de *Weltanschauung* católica en la Universidad de Berlín, se hallaba ante el desafío enorme de explicar el catolicismo en el centro de Prusia, en la universidad más protestante de Alemania. El mismo concepto de «concepción del mundo» se le hacía un desafío para mostrar una verdad católica más allá de una serie de afirmaciones ordenadas. En esa coyuntura, se dio a sí mismo una alternativa: exponer de modo muy técnico y preciso la fundamentación progresiva del pensamiento católico, o explicar, más bien, la razón profunda de por qué era él católico. Eligió la segunda opción y tuvo un éxito inmenso que le acompañó el resto de su vida. Esta es la perspectiva de Ratzinger en el conjunto de su obra, consciente de estar en una condición algo distinta de la de su maestro.

El modo concreto como lo afronta nuestro teólogo muestra una manera singular de abordar las cuestiones y de buscar respuestas que estén a la altura de los desafíos que el mundo propone al cristianismo.

Es un ejemplo excelso de lo que Maurice Blondel denominaba *pensamiento pensante*[5]. Esto es, que vive de la tensión a la verdad trascendente que explica la orientación de la inteligencia humana y que comprende entonces de qué modo el *misterio cristiano* actúa como una invitación constante a un pensamiento

---

5 Cfr. BLONDEL, M., *La pensée*, I: *La genèse de la pensée et les paliers de son ascension spontanée*, Félix Alcan, Paris 1934, 63–139.

más profundo, capaz de percibir la luz que da sentido a nuestras vidas. Es una posición radical que despierta al hombre a una cierta conciencia de sí mismo. Estas son sus provocadoras palabras:

«¿Sí o no? ¿Tiene la vida humana un sentido y el hombre un destino? Yo actúo, pero sin saber siquiera en qué consiste la acción, sin haber deseado vivir, sin conocer exactamente no quién soy, ni siquiera si soy»[6].

El pensador francés tenía muy claro que era necesario entrar en el modo concreto como la verdad «toca» la interioridad del hombre, para descubrir el sentido de nuestra existencia y el modo de orientar nuestras vidas. Nos toca como sujetos de nuestro pensamiento que dan una unidad original al modo de ejercerlo[7].

Es un movimiento muy diverso del que procede un *pensamiento pensado* que se queda en la formulación de afirmaciones que aplicar posteriormente, y desde fuera, al movimiento del espíritu. Podemos entrar un poco en este camino de búsqueda de la verdad que nos abre nuestro autor, conscientes de situarnos en la dramática de un pensamiento que desea identificarse con Cristo.

---

6 Blondel, M., *La Acción (1893). Ensayo de una crítica de la vida y de una ciencia de la práctica*, BAC, Madrid 1996, 3.

7 Cfr. Blondel, M., *La pensée*, cit., 138: «est–ce que le sujet, par son caractère d'intériorité qui lui confère une unité irréductible et infrangible, et par sa compréhension qui semble le rendre capable même l'infini». Eso es lo que se le hecho considerar el iniciador de la «vía de la inmanencia»: cfr. Verweyen, H., «Inmanencia. Método de la», en Latourelle R., y Fisichella, R. (eds.), *Diccionario de Teología Fundamental*, Ediciones Paulinas, Madrid 1992, 720–5.

Una primera intuición, la necesidad del sujeto cristiano

Con el peso enorme de lo que había significado la segunda guerra mundial, el joven sacerdote Ratzinger se preguntó sobre la verdad del catolicismo en esta situación histórica. Como la gran mayoría de los teólogos de su época, se preguntaba cómo era posible una guerra tan horrorosa en países de mayoría cristiana. Esa cuestión era especialmente candente en Alemania donde la colaboración de tantos católicos con el nazismo había sido muy evidente. La pregunta se mantenía incluso en el tiempo de postguerra en el que la iglesia alemana se contagiaba del fervor religioso que se vivió al alcanzar la paz y que tomaba la posición de ejemplo social que se respiraba en ese ambiente, con un deseo imperioso de construir una sociedad diferente.

En ese contexto nuestro autor escribe sus dos primeros artículos[8] en los que manifiesta las deficiencias profundas de lo que se podría considerar un *cristianismo cultural* que se sostenía en un ambiente que había interiorizado determinadas prácticas, pero que no tocaba en profundidad la intimidad de las personas. Con un juicio bastante severo, consideraba la insuficiencia de ese catolicismo en esas circunstancias, porque le faltaba sobre todo las bases de lo que era en verdad *ser cristiano*, más allá de los datos sociológicos de ir a misa y de pagar el impuesto religioso. Veía en ello una debilidad grande ante un previsible cambio de cultura y explicaba al fin y al cabo la fragilidad del catolicismo alemán en medio de lo que había supuesto la crisis del nazismo.

---

8 En: Ratzinger, J., «Die Kirche als Geheimnis des Glaubens», en *Leb-Zeug* 4 (1956/57) 19–34.

JUAN JOSÉ PÉREZ-SOBA

Hemos de reconocer en ello una sensibilidad grande en la percepción de la *esencia del cristianismo* que es una pregunta siempre difícil. Había sido el tema central de Romano Guardini[9] que lo ligaba precisamente a la realidad de la Iglesia como una novedad dentro de la experiencia cristiana[10]. Suponía enfrentarse a la idea poscristiana de Ludwig Feuerbach que quería reducir el ser cristiano a un altruismo moralista sin revelación alguna[11], o a la idea romántica del protestante Adolf von Harnack de un evolucionismo cultural que perdía las verdaderas raíces cristianas al interpretarlas desde otros parámetros[12]. Precisamente, Ratzinger se opondrá de forma muy clara a la afirmación central del autor protestante de que el catolicismo es producto de una fraudulenta helenización de la fe que ha corrompido la recepción originaria del cristianismo y que Ratzinger presenta como un primer paso de una razón cristiana que es vinculante para la fe[13].

Guardini era muy consciente de que esta perspectiva le obligaba a un repensamiento profundo de muchas cuestiones, que debía proceder de un modo semejante a los padres de la Iglesia, que, ante una cultura muy diversa, pero que les presentaba mu-

9 Cfr. GUARDINI, R., *La esencia del cristianismo*, en ID., *La esencia del cristianismo. Una ética para nuestro tiempo*, Cristiandad, Madrid 2002, 7–106; el libro es de 1938, se remonta a un artículo de 1923.

10 GUARDINI, R., *El sentido de la Iglesia*, Dinor, San Sebastián 1958.

11 Cfr. FEUERBACH, L., *La esencia del cristianismo*, Sígueme, Salamanca 1975. Original de 1841.

12 Cfr. VON HARNACK, A., *Das Wesen des Christentums*, Christian Keiser Verlag, Gütersloh 1999. Original de 1900.

13 Aparece de modo muy claro en su artículo «Cristianismo», en *Obras Completas*, IV, cit., 311–28; especialmente 314–6.

chas oportunidades y desafíos, tendría que afrontar con valentía una respuesta que necesariamente debería quedar abierta. La Iglesia era consciente de su misión universal, también con un sentido escatológico del tiempo, que no podía depender de juicios parciales propios de un momento determinado, sino de una *historia de salvación*, basada en la presencia de lo definitivo en nuestro mundo.

Precisamente, por ese sentido histórico, la Iglesia centró, por medio de los padres, su diálogo de inculturación con la filosofía y no con las religiones. En la filosofía se buscaba todavía una verdad que fuera luz, mientras el irenismo religioso presentaba la religión dentro de un mercado de opiniones que en un ambiente politeísta se dejaba al propio arbitrio mientras no se faltase a la *pietas* o se cayese en la *übris* del desprecio a la majestad divina. La forma mítica de la religión política grecorromana era refractaria a la temporalidad salvífica de la revelación de Dios en la historia de un pueblo. Todo ello conducía al cristiano a no entrar como *una religión más* dentro de un panteón donde fuera una opinión religiosa entre otras muchas.

En esto toma también ejemplo de John Henry Newman que colocó en el centro de sus estudios a San Atanasio, con todas las controversias arrianas que llenaron su vida de persecuciones e incomprensiones. La conclusión del santo inglés es que la historia del cristianismo era incomprensible sin un concepto dogmático de verdad capaz de juzgar el tiempo y que esa permanencia en una verdad es esencial para entender la evolución del dogma incluso en momentos tan difíciles como el siglo IV[14]. La mera adaptación a las concepciones intelectuales de moda en su tiempo, como en aquél entonces fue el platonismo medio

---

14 Cfr. NEWMAN, J. H., *Consulta a los fieles en materia doctrinal*, CEOE «Juan XXIII», Salamanca 2001.

con su jerarquía de seres intermedios en un proceso descendente, es una tentación constante para la Iglesia. Dejarse llevar por ella tiene el riesgo próximo de diluir su identidad. El dogma tiene la función contraria de dirigir el pensamiento en dirección al misterio animándolo en la búsqueda de esa realidad que siempre se nos escapa, pero que nos comunica una vida mayor. La identificación del cristiano por medio de la fe y las otras virtudes teologales pasaba entonces a ser el centro del pensamiento de nuestro teólogo alemán.

Con ello, se hacía cargo de dos cuestiones importantes. La primera, que se estaba gestando ya entonces un verdadero *cambio de época*, porque muchas claves culturales se veían rebasadas en el desarrollo de los acontecimientos y mostraban ya una decadencia preocupante. Es el juicio del joven Guardini, que ya detectó después de la primera guerra mundial, en la que el cambio de referentes había sido muy fuerte y que se debía juzgar como el principio de un momento histórico diverso con nuevas características[15]. Por otra, para el teólogo italoalemán estaba claro que la Iglesia tenía todavía una asignatura pendiente: la de confrontarse con profundidad con las claves del iluminismo que había configurado la modernidad. No se trataba sólo de responder a un desafío que permanecía vigente, sino también de reconocer la condición histórica de la Iglesia, inmersa en las corrientes tumultuosas de los cambios culturales, por lo que su misión no puede reducirse a recordar las verdades eternas. Esta segunda cuestión es la que se va a afrontar en el Concilio Vaticano II en el que interviene como perito teológico un todavía jovencísimo Josef Ratzinger. La primera, tan presente en la percepción de nuestro teólogo, en cambio, todavía está por ser

---

15 Lo que explica en: GUARDINI, R., *El ocaso de la época moderna*, Guadarrama, Madrid 1958.

asumida de verdad, más allá de alguna declaración de principios.

El Concilio Vaticano II, fuente de esperanza

Por todo lo dicho, la convocación por parte de San Juan XXIII del Concilio Vaticano II representaba para nuestro joven teólogo una oportunidad única de comprobar de qué modo el Espíritu Santo podría abrir caminos para la Iglesia en puntos fundamentales que deberían clarificarse de un modo profundamente renovador. Para él debía ser expresión de la *renovación* eclesial que era especialmente urgente en un mundo que quería rehacerse tras haber pasado acontecimientos tan dolorosos y en el que la Iglesia tenía una misión muy especial que cumplir.

Esto suponía ante todo verlo desde una posición teológica determinada, desde la que se podía apreciar la necesidad de asumir nuevas luces que abrían un camino lleno de promesas. Era una misión a la que nuestro autor se veía especialmente preparado. Su disposición a la renovación estaba fuertemente asentada, pasaba en particular por el sufrimiento que le había supuesto la defensa de su tesis doctoral que había sido puesta en cuestión en su ortodoxia por el profesor Michael Schmaus[16]. El conocido dogmático que estaba en su tribunal considerada modernista un concepto de fe dialogal que incluyese la subjetividad del fiel como receptor del don de la fe. La dificultad que sufrió el doctorando Ratzinger en este paso, le hizo comprender que las auténticas fuentes para ese cambio conciliar que renovara los principios pasaba por una revisión de la revelación como un acontecimiento personal e histórico en el que el fiel se implica con todo su ser. Se trata de la intuición de que se ha

---

16 Cfr. RATZINGER, J., *Mi vida. Recuerdos (1927–1977)*, Ediciones Encuentro, Madrid 2006, 124–32.

de considerar el sujeto de la fe, esto es cómo la fe conforma al creyente. para poder comprender adecuadamente el modo como el don de la gracia es recibido por el cristiano[17].

Es el bagaje que lleva cuando es convocado como perito por el Cardenal de Colonia Josef Frings al que le unía una verdadera amistad, lo que le condujo a un nuevo conocimiento de la Iglesia y de su misión, dentro de ese deseo de renovación que siempre llevó consigo. De aquí esos dos discursos que jalonan todo su pontificado. Uno en el inicio del mismo, pues fue a la curia en navidad (21.12.2005) y el otro, al fin de su ministerio petrino, pues lo pronunció después de su renuncia, dirigido a los sacerdotes de Roma (15.02.2013). En ambos hacía una lectura del Concilio como el modo necesario para conocer el camino de la Iglesia. En ambos llama la atención a dos formas inadecuadas de leer el Concilio. El primero, como si fuera una ruptura respecto de la Iglesia anterior, el segundo, para evitar lo que fue *el concilio de los medios* que presentaron una Iglesia dividida entre conservadores y progresistas bien diversa de la que se reunía de hecho en el aula conciliar. Se manifiesta así que es la permanencia del *sujeto Iglesia* el que explica el valor real de la renovación conciliar. No se puede plantear nunca como una ruptura, que en el caso eclesial se produce por proyectar en él la dinámica propia de la revolución. La visión de Ratzinger parte del *sujeto creyente* que recibe una identidad personal en su acto de fe. Esa implicación de toda la persona que se produce porque cree en

---

17 Así lo explica: RATZINGER, J., Mi vida, cit., 126: «Y porque esto es así, del concepto de "revelación forma siempre parte el sujeto receptor: donde nadie percibe la revelación, allí no se ha producido ninguna revelación porque allí nada se ha desvelado».

otra que es Cristo y se basa en la identificación con Él como Hijo de Dios[18].

La experiencia conciliar ha tenido un valor único en todas las personas que la han vivido. Como es natural, el modo de explicar esta vivencia es con acentos diversos, pero en general, sí se puede ver en casi todos los que intervinieron la experiencia de haber percibido una esperanza grande para la Iglesia, en un momento histórico donde la novedad de las propuestas y la posibilidad de una renovación de la misión de la Iglesia en el mundo se hicieron muy evidentes.

La vivencia del postconcilio

Aquello que en el Concilio se respiraba como posibles amenazas y dificultades internas, estalló inmediatamente después como una especie de revolución dentro de la Iglesia que parecía cambiar sus cimientos.

Personalmente el profesor Ratzinger sufrió este ambiente revolucionario que dificultaba enormemente el verdadero diálogo de pensamiento. Sobre todo, en su estancia en la Universidad de Tubinga, donde compartía la docencia con Hans Küng que abanderaba el movimiento crítico que pedía una revolución eclesial. Como director de la revista *Concilium* que había reunido como colaboradores a los peritos conciliares, el teólogo suizo en su reunión del consejo editorial de 1973, pidió la convocación del Concilio Vaticano III, porque consideraba que las declaraciones conciliares habían sido textos de compromiso que no habían expresado con suficiente radicalidad los cambios necesarios dentro de la Iglesia en el mundo actual. El clima de

---

18 Como lo hace: MOUROUX, J., *Je crois in toi. Structure personnelle de la foi*, Du Cerf, Paris 21961.

contestación constante y de crítica despiadada a todo lo *precon-ciliar* llegaba a límites inconcebibles y creaba por su dialéctica de confrontación unas tensiones internas muy grandes. Este es el sustrato eclesial por el que dio las lecciones de *Introducción al cristianismo* que se recogieron en el libro más importante de toda su producción.

Comprendía muy bien el desafío enorme que se levantaba contra la Iglesia y que había tenido como momento de explosión el rechazo de la encíclica *Humanae vitae* (25.07.1968). Era un momento que no pedía una reflexión cuanto un testimonio reflexionado sobre el propio *ser cristiano*. Así frente a la posición de Küng[19], que cambiaba radicalmente las claves de pertenencia al cristianismo, nuestro profesor formuló en una conferencia–testimonio una respuesta sencilla pero clarividente sobre *¿Por qué pertenezco a la Iglesia?* Su edición se unió con la respuesta de su amigo Hans Urs von Balthasar *¿Por qué soy todavía cristiano?*[20]. Es importante tener presente esta intención que retomaba su intuición primera, porque prácticamente es el mismo título que ha elegido Benedicto XVI para su obra póstuma: *Qué es el cris-tianismo*[21]. Al final de su vida, no dejó de referirse a esta inten-ción principal que caracteriza toda su obra.

Esta colaboración con Balthasar era un signo claro de una relación común que se catalizó con la fundación de la revista

---

[19] Que expresará después en: Küng, H., *Ser cristiano*, Cristiandad, Madrid 1979. El libro es de 1974.

[20] Así ha sido publicado en español como dos libros en uno: von Bal-thasar, H. U., *¿Por qué todavía soy cristiano?*, Ratzinger, J., *¿Por qué pertenezco a la Iglesia?*, Sígueme, Salamanca 2013. Los dos libros salieron en 1971.

[21] Benedicto XVI, *Qué es el cristianismo. Un testamento espiritual*, La Esfera de los Libros, Madrid 2023.

Communio, junto con Henry de Lubac. De esta forma, se separaba de esa postura de crítica demoledora de la Iglesia, para comprender las claves nuevas que el Concilio Vaticano II había señalado y el camino particular que Dios estaba abriendo por medio de los acontecimientos eclesiales y mundiales. Con ello se abría a una serie de relaciones que dirigían sus estudios a una mejor comprensión de la necesidad de esa formación de un sujeto auténticamente cristiano, que era la única respuesta suficiente a las nuevas ideologías que estaban ocupando todo el panorama cultural con una rapidez sorprendente.

Todo lo que había significado la revolución del 68 con su planteamiento de revolución cultural sostenida por ideologías que aplicaban de modo sistemático una ingeniería social centrada como lo había hecho antes el marxismo en una primacía de la praxis, como había criticado certeramente Guardini.

Frente al empuje de las ideologías Ratzinger apelaba a una *pertenencia* que tiene sus razones y que es reflexionada. Era bien consciente que toda *pertenencia* es una verdadera opción fundamental[22] que incluye muchos elementos, no sólo intelectuales, y que es necesario formarlos para que sean efectivos. La desafección eclesial era para él una cuestión de pertenencia y el crecimiento tan grande de este fenómeno de desapego radical era en parte debido a un racionalismo anterior que no había formado las personas en esta pertenencia. Así es, nadie *pertenece* a una ideología, porque esta se impone y transforma, pero no *forma* la persona, porque la manipula en un fenómeno que puede calificarse como verdadera alienación. La respuesta de

---

22 Cfr. BENEDICTO XVI, C. Enc. *Deus caritas est*, n. 1: «*Hemos creído en el amor de Dios*: así puede expresar el cristiano la opción fundamental de su vida».

pertenencia que ofrecía estaba muy vinculada con la de *permanecer* joánico que tiene una valencia amorosa y afectiva fundamental[23].

El encuentro con Juan Pablo II y una nueva misión

Cooperadores de la verdad (*3 Jn* 8). El lema episcopal, que eligió al ser nombrado arzobispo de Munich–Frisinga (1977), describe su vida entera, pues ha dedicado todas sus fuerzas a ese servicio pleno a la verdad como luz para la vida del hombre. Lo hizo explícito cuando percibía claros signos de querer desvalorizar la verdad en el campo religioso. Como su amigo Han Urs von Balthasar, comprendía que el desprecio a una verdad objetivizada no podía nunca confundirse con un reduccionismo de la condición de verdad propia de la pretensión cristiana a situarse como una propuesta más dentro de un pluralismo de concepciones antropológicas y de tradiciones religiosas.

Lo que está en cuestión es la necesidad de una verdad salvífica que el hombre debe saber reconocer por su inteligencia, necesariamente, lo ha de considerar de un modo *experiencial*, como es lo propio de una verdad que trasciende.

De un modo correlacionado con la revelación divina y la cuestión veritativa de la fe, para él se hacía cada vez más patente la necesidad de clarificar una experiencia personal que asentara el conocimiento de Dios y de su revelación en Cristo como el único modo de poder implicar a toda la persona en el asentimiento de la fe que no es el fruto de un sistema deductivo racional, sino la credibilidad personal de un testigo.

---

23 «Yo estoy en la iglesia porque creo que hoy como ayer e independientemente de nosotros, detrás de nuestra iglesia vive su iglesia y no puedo estar cerca de Él si no es permaneciendo en su iglesia. Yo estoy en la Iglesia porque a pesar de todo creo que no es en el fondo nuestra sino suya».

La aparición en la *Introducción al cristianismo* del *principio del amor* a modo de síntesis de todo el contenido en este libro[24], anunciaba de forma muy elocuente la necesidad de asumir el amor en este papel único de ser capaz de generar un sujeto auténticamente cristiano que es capaz de dar su vida entera a Aquel que ha muerto por Él.

Para muchos fue una sorpresa la primera encíclica del Papa Benedicto XVI por tratar del amor. Parecía un tema alejado de sus intereses y que representaba una novedad en su producción teológica. Después, se ha podido saber mejor de qué modo era un tema presente desde el principio de su pensamiento como reflexión sobre una lógica amorosa. De hecho, la primera obra de Joseph Ratzinger fue la traducción que realizó siendo todavía estudiante de teología en el seminario de Frisinga (1947) de la *questio disputata De caritate* de Santo Tomás al alemán[25].

En el Amor, por su valor personal y de alianza, se comprende la aparición de lo absoluto de Dios en medio de los procesos históricos llenos de contingencias y eventualidades

---

24 No aparece como un epígrafe, por lo que puede pasar desapercibido, pero está explícito cuando resume los seis principios de las *estructuras del ser cristiano*: RATZINGER, J., *Introducción al cristianismo*, en *Obras Completas*, IV, cit., 191–215, diciendo (*ibidem*, 241): «los seis principios se condensan en el principio único del amor». Todo ello se encuentra ya en: RATZINGER, J., *El sentido del ser cristiano*, en *Obras Completas*, IV, BAC, Madrid 2018, 329–60, en especial la homilía «Ante todo, el amor»: *ibidem*, 351–60 (la homilía es de 1964).

25 Está publicada en: THOMAS VON AQUIN, «Untersuchung über Liebe. Übersetzt von Joseph Ratzinger Herausgegeben von Rolf Schönberger», en *Mittelungen Institut Papst Benedikt XVI* 4 (2017). La traducción a doble columna latín–alemán se encuentra en: *ibidem*, 9–168, le sigue un pequeño estudio de la edición en: *ibidem*, 169–208. Para el original latino: cfr. SANCTI THOMAE AQUINATIS, *Quaestio disputata de Caritate*, c. ODETTO, A, en *Quaestiones disputatae*, II, Marietti, Taurini–Romae 101965, 701–51.

imposibles de deducir. Es un amor que procede de un don divino y que, por ello, precede la acción humana y la configura de un modo nuevo. Hace posible experimentar un absoluto como es el acceso a la intimidad personal divina que es trinitaria, dentro de lo relativo de la situación histórica de cada persona. Es una verdad de gran horizonte que debe proponerse como orientación fundamental para el pensamiento en todas sus dimensiones.

Sin este absoluto que da sentido a todo, los procesos relativos en los que el hombre se ve envuelto se pueden convertir en autojustificativos. Esto mismo es lo que se puede ver en tantas propuestas modernas. También en la vertiente más actual de querer determinar algunas realidades humanas mediante la caracterización de sistemas procedimentales compartidos[26]. Estos debates se fraguaban en el momento posterior a la revolución cultural del 68, en la que se abogaba por un deconstruccionismo social en el que quedaran solamente algunos principios formales con contenidos ambiguos.

Todo esto que se articulaba en la necesidad de un encuentro personal y la conformación de un camino de seguimiento, es lo que Ratzinger pudo vivir de un modo singular con san Juan Pablo II, en lo que podemos juzgar que es una de las amistades más fructíferas en la historia de la Iglesia. Eran dos caracteres bien diferentes, procedentes de dos naciones que han sido enemigas muchas veces y de formas culturales diversas, pero, en cambio, han vivido una unidad profunda y han sabido colaborar a partir de una mutua admiración. Esta unión tan profunda debe ser una fuente de reflexión para la Iglesia, para comprender el modo como Dios la guía en la historia.

---

[26] Como se ve en la crítica de: ABBÀ, G., *Quale impostazione per la filosofia morale?*, Las, Roma 1996, 104–29.

Juan Pablo II dio un primer paso al elegirle como el relator del Sínodo de la familia de 1980. Esto significó un cambio importante en el pensamiento de nuestro teólogo. Creo que se debe al papa polaco el que Ratzinger percibiera mejor que todo aquello que estaba buscando de lo genuinamente cristiano, tenía su cauce privilegiado en la familia como realidad humana singular[27]. Desde luego, su intervención como relator supuso un giro en su modo de enfocar muchas cuestiones, entre ellas el tema de la indisolubilidad del matrimonio que ahora pudo ver como algo central en la fe de la Iglesia[28]. La nueva percepción de esa realidad humana en la que se manifiesta lo más profundo de lo divino, ha sido una luz que luego continuó ya como prefecto de la Congregación para la Doctrina de la Fe[29]. Podría parecer un tema concreto, pero en verdad se trata de una visión antropológica que toca la integridad de la humanidad desde la vocación al amor[30].

---

[27] Él mismo hizo un resumen de todo ello en: RATZINGER, J., «Retrospectiva acerca del Sínodo de los Obispos de 1980 sobre el matrimonio y la familia», en *Obras completas*, IV, cit., 581–609.

[28] De aquí la corrección que aparece en el texto de las obras completas: RATZINGER, J., «Sobre la cuestión de la indisolubilidad del matrimonio. Consideraciones sobre el dato dogmático–histórico y sobre su significado actual», en *Obras completas*, IV, cit., 559–80. Se hace mención del cambio producido, llama la atención de ello el editor en: *ibídem*, 902–3.

[29] Un resumen de todo ello en: RATZINGER, J., «Introducción», en CONGREGACIÓN PARA LA DOCTRINA DE LA FE, *Atención pastoral de divorciados vueltos a casar*, Ediciones Palabra, Madrid 2003, 22.

[30] Como lo muestra: CID VÁZQUEZ, M. T., *Persona, amor y vocación. Dar un nombre al amor o la luz del sí*, Edicep, Valencia 2009.

Además de su intervención para la cuestión de la Teología de la Liberación en los dos documentos emanados de la Congregación[31], consideró como cuestiones centrales de su trabajo como Prefecto la preparación de la encíclica *Veritatis splendor* (6.08.1993) y la carta *Dominus Iesus* (6.08.2000). Son, posiblemente, los textos en los que se refleja mejor el modo como comprendió Ratzinger su misión de servicio especial a la Iglesia. Lo que aúna estos documentos es la percepción de un absoluto en la experiencia cristiana, que puede ser relativizado en nuestra sociedad y la toma de conciencia de que es esto principalmente el quicio de la evangelización que la Iglesia deber realizar en este mundo.

Así, respecto de la moral, se puede reconocer la mano de nuestro autor en lo que corresponde al *martirio*, como una manifestación de esa grandeza de la que hacíamos mención:

> *Los mártires representan la verdadera apología del hombre y demuestran que la criatura humana no es un fallo del Creador, sino que, aún con todos los aspectos negativos que se han verificado en la historia, el Creador ilumina realmente al hombre. En el testimonio hasta la muerte, se demuestra la fuerza de la vida y del amor divino. Así precisamente los mártires nos indican al mismo tiempo el camino para comprender a Cristo y para entender qué significa ser hombre*[32].

Respecto al diálogo interreligioso su propuesta se dirige a mostrar la insuficiencia de que eso sea un intercambio de visiones a modo de *opiniones religiosas*, que impide al fin y al cabo el

---

31 Se trata de: CONGREGACIÓN PARA LA DOCTRINA DE LA FE, I. *Libertatis nuntius*, (6.08.1984); y CONGREGACIÓN PARA LA DOCTRINA DE LA FE, I. *Libertatis conscientia*, (22.03.1986).

32 RATZINGER, J., «Il rinnovamento della teologia morale: prospettive del Vaticano II e di *Veritatis splendor*», en MELINA L.–NORIEGA J. (a cura di), «*Camminare nella Luce*», *Prospettive della teologia morale a partire da* Veritatis splendor, Lateran Universirty Press, Roma 2004, 45.

UNA LUZ SINGULAR: LA REVELACIÓN DEL SUJETO CRISTIANO

auténtico reconocimiento de la presencia de lo absoluto de Dios en Cristo. Se trata de tomarle, no como motivo de diálogo para una posición común, sino como *Logos* que da razón de todo para hallar en Él la luz para comprender el mundo y la historia. La Iglesia es en los tiempos posmodernos casi la única institución que rechaza de plano el *pensamiento débil*[33] y cree, en cambio, en la razón humana y que esta es un camino para llegar a un Dios en el que la cuestión de la verdad está presente[34]. No se puede nunca perder la carga de verdad que contiene la religión cristiana que jamás se puede diluir en un diálogo de acuerdos: «Esta renuncia a la verdad parece realista y útil para la paz entre las religiones del mundo. Y, sin embargo, es letal para la fe»[35]. En ello se ve su insistencia en una posición no moralista de la religión, la relación con Dios no se reduce a las acciones humanas[36]. Es una posición diametralmente opuesta a la de Hans Küng en su teoría de una ética universal[37].

---

[33] Cfr. VATTIMO, G.– ROVATTI, P. A. (eds.), *Il pensiero debole*, Feltrinelli, Milano 1983.

[34] Así lo hizo en su importante discurso en la Facultad de Teología San Dámaso: RATZINGER, J., «Fe, verdad y cultura. Reflexiones a propósito de la encíclica "Fides et ratio"», en *Revista Española de Teología* 60 (2000) 141–61. Cfr. BLANCO, P., *Joseph Ratzinger: razón y cristianismo*, Rialp, Madrid 2005.

[35] BENEDICTO XVI, «El amor en el origen de la misión», en ID., *Qué es el cristianismo. Un testamento espiritual*, cit., 22.

[36] Cfr. ROWLAND, T., *Ratzinger's Faith. The Theology of Pope Benedict XVI*, Oxford University Press, New York 2008, 66: «Ratzinger proposed that the antidote to moralism is the theology of the First Letter of St. John: God is love, and he who abides in God and God abides in him».

[37] Cfr. KÜNG, H., *Proyecto de una ética mundial*, Trotta, Madrid 1991.

Un testimonio singular

JUAN JOSÉ PÉREZ–SOBA

Su aportación como teólogo, una vez encauzada en el nuevo servicio de Prefecto de Doctrina de la Fe, no quedó sólo en su aportación intraeclesial. Como hombre dado a la reflexión, no podía separar sus aclaraciones doctrinales de la *misión de la Iglesia, en su relación con el mundo*. De aquí los títulos elegidos para sus libros de entrevistas, en los que la posición de la Iglesia es central. Me refiero a los dos libros de entrevistas que hizo con Peter Seewald, *La sal de la tierra*[38], que recoge una conversación antes de ser Papa, como el que escribió ya en 2010 durante su Pontificado que quiso titular *Luz del mundo*[39]. La referencia explícita a *Mateo* 5,13–16 señala precisamente el envío que Cristo da a la Iglesia para que le haga presente en el mundo, para ello, ha de mantener la propia identidad recibida del Señor que no es mundana, sino recibida de un don de Dios.

Esto mismo hace que la Iglesia tenga sin duda una *voz* en el mundo, que cuenta con su propia entidad y que ilumina su realidad también en cuanto humana. La tentación constante del mundo en la actualidad es el de encerrarse en sí mismo y pretender *justificarse a sí mismo* como si se pudiera dar la propia salvación en lo que se ha de considerar una verdadera secularización de la esperanza cristiana[40]. Algo que es debido a una cierta

---

38 Cfr. RATZINGER, J., *La sal de la tierra. Quién es y cómo piensa Benedicto XVI*, Palabra, Madrid 2005. Ambos estuvieron precedidos por el primer libro entrevista con MESSORI, Vittorio: RATZINGER, J.– MESSORI, V., *Informe sobre la fe*, BAC, Madrid 1985.

39 Cfr. BENEDICTO XVI, *La luz del mundo. El Papa, la Iglesia y los signos de los tiempos. Una conversación con Peter Seewald*, Herder, Barcelona 2010.

40 Cfr. BENEDICTO XVI, C. Enc. *Spe salvi*, nn. 16–23.

posición poscristiana que, haciendo de la evolución el principio social primero, presenta el cristianismo como pasado.

Este era el peligro especialmente grave que había planeado de forma concreta la denominada teología de la liberación que no podía sino considerarse una aplicación a América Latina de las categorías propias de la teología política alemana con su reflexión acerca del principio de esperanza secularizado y que siempre tuvo un interés por lo que reflejaba de una teología que se interrogaba a partir de los hechos históricos.

Junto a él emergía la fragmentación de los saberes propios de las ciencias humanas con un modo parcial de conocer al hombre que no toca lo esencial, y que en la actualidad se comprende como una pérdida de la racionalidad, de la importancia del *Logos* como un modo necesario para iluminar las relaciones humanas, también en lo que corresponde al cosmos y a Dios. La pérdida progresiva de la racionalidad y la aceptación de una razón parcial era para él un tema constante de reflexión, porque conduce inevitablemente a un sujeto humano dividido y con una dificultad enorme para construir su vida.

Estos son los temas que se han tratado en este encuentro y que tienen que ver con repensar tantos aspectos centrales de la sociedad en los que la Iglesia puede tener una aportación decisiva, debido en gran medida a que, en cambio, estuvo casi ausente en el tiempo en que se forjaron los principios de la sociedad moderna.

Una misión en la verdad

La aportación de nuestro autor, como es la propia del pensamiento *pensante*, tiene un valor especialmente creativo. Siempre supo hacerse cargo de las cuestiones decisivas de la sociedad y de la misión de la Iglesia, en un empeño que muestra su enorme interés intelectual que quiere llegar a todo lo que al hombre le interesa, desde un punto de vista positivo. Toma como presupuesto la necesidad de una luz de la fe que toque todo lo humano, y eso desde la verdad íntegra del hombre que está implicado en él.

Esta es la perspectiva de esta jornada organizada por AEDOS y la Asociación Wujek. En esta sesión de estudio se ha buscado destacar la luz que brota para la sociedad actual en lo que corresponde a un pensamiento capaz de ofrecer un futuro.

Los temas son centrales como corresponde al teólogo del que tratamos. La realidad de un bien común que ha de guiar el derecho desde una universalidad no racionalista; el sentido verdadero del diálogo interreligioso y la transformación cultural del mayo del 68 con todas sus consecuencias, son temas transversales que ordenan la sociedad y en la que se ha de ofrecer una luz que permita una construcción social más allá de la simple facticidad.

La respuesta muestra la verdad que hemos bosquejado anteriormente: *la formación del sujeto cristiano que orienta la vida de las personas* en vista de una construcción social. Es una clave muy fundamental que parte de una nueva idea de *bien común* en donde la experiencia humana pasa a ser su vertebración. *Amar a alguien es querer su bien y trabajar eficazmente por él. Junto al bien individual, hay un bien relacionado con el vivir social de las personas: el bien común*[41].

Parte del amor, porque lo considera el principio de la actuación en el que la persona misma está implicada y no se puede

---

41 BENEDICTO XVI, C. Enc. *Caritas in veritate*, n. 7; CARDONA, C., *Metafísica del bien común*, Rialp, Madrid 1966.

separar[42]. Esto es lo que está en la base de *Deus caritas est* con todo lo que significa de poner el amor también como principio de comprensión del hombre y Dios. Con palabras que pronunció en 1964 se puede decir: *el amor, que aquí es descrito como el contenido del ser cristiano, exige de nosotros que intentemos amar como Dios ama*[43]. La sorpresa de que hablara sobre el amor en su primera encíclica, se ve superada si leemos en *Introducción al cristianismo* todos los argumentos que presenta como «el principio del amor», en donde expone de qué forma es la luz fundamental para poder entrar en el misterio de la revelación. En particular, comprende con profundidad de qué modo el amor es el principio de unas relaciones en las que los bienes que se comunican explican el camino que se ha de emprender para crecer como persona y transformar la sociedad con un horizonte cultural amplio. En todo ello, se manifiesta la verdad de la construcción del sujeto por la grandeza que recibe en la unión con Cristo. Es lo que le conduce a decir su frase programática: *No se comienza a ser cristiano por una decisión ética o una gran idea, sino por el encuentro con un acontecimiento, con una Persona, que da un nuevo horizonte a la vida y, con ello, una orientación decisiva*[44].

---

[42] Según lo que afirma: SANTO TOMÁS DE AQUINO, *Summa Theologiae*, I–II, q. 28, a. 6: «manifestum est quo omnes agens, quodcumque sit, agit quamcumque actionem ex aliquo amore».

[43] RATZINGER, J., «El sentido del ser cristiano», en *Obras completas*, IV, *cit.*, 353.

[44] BENEDICTO XVI, C. Enc. *Deus caritas est*, n. 1. Como explica: MELINA, L., «El amor: encuentro con un acontecimiento», en L. MELINA–C. ANDERSON (eds.), *La vía del amor. Reflexiones sobre la encíclica* Deus caritas est *de Benedicto XVI*, Monte Carmelo –Instituto Juan Pablo II, Burgos 2006, 1–12. Por eso, puede concluir BENEDICTO XVI, en «El amor en el origen de la misión», en ID., *Qué es el cristianismo. Un testamento espiritual*, cit., 27: «Hemos conocido el amor que Dios nos tiene y hemos creído en él» (1 *Jn* 4,16): una frase que expresa la auténtica naturaleza del cristianismo.

Esta primera perspectiva es la base para que se revelen carencias fundamentales que a veces impiden ese crecimiento. Así lo vemos en el modo de afrontar la sociedad como una realidad moral, que implícitamente pide la emergencia de la cuestión de Dios, sin la cual se oscurecen las relaciones humanas. Esto se debe a que hay que pensar en el amor como la lógica principal de la sociedad y esto fundado en la dinámica del don que genera la comunión a partir de un bien compartido.

La presencia personal del bien en cuanto nos atrae y perfecciona es fundamental en una realidad comunicativa que tiene su verdad objetiva dentro de la verdad global del amor. Es el bien el que liga el conocimiento a la creación y lo abre a una acción de Dios que los sostenga respecto del fin.

El conjunto de todas estas dinámicas se puede articular desde una lógica del don que puede iluminar el sustrato moral de la sociedad.

Al ser un don recibido por todos, la caridad en la verdad es una fuerza que funda la comunidad, unifica a los hombres de manera que no haya barreras o confines. La comunidad humana puede ser organizada por nosotros mismos, pero nunca podrá ser solo con sus propias fuerzas una comunidad plenamente fraterna ni aspirar a superar las fronteras, o convertirse en una comunidad universal[45].

La consecuencia principal es la insuficiencia de los medios meramente procedimentales de ordenamiento social, también en lo que corresponde a un positivismo jurídico, sea de una concepción meramente formal de lo jurídico, o fundamentalmente sociológica. En ellas se da una ignorancia radical de la dimensión

---

45 BENEDICTO XVI, C. Enc. *Caritas in veritate*, n. 34. Desde AEDOS ha sido el hilo conductor del estudio: RUBIO DE URQUÍA R., PÉREZ–SOBA, J. J. (eds.), *La Doctrina Social de la Iglesia. Estudios a la luz de la encíclica* Caritas in Veritate, BAC, Madrid 2014.

del bien que conduce a una desmoralización social muy grave[46].
Detrás de esta visión está la defensa de la condición moral de las
ciencias humanas que tratan una realidad que implican las relaciones humanas y la libertad; sólo así cumplen su misión de ser
constructoras de sociedad, de otro modo, parcializan las relaciones humanas y generan procesos de verdadera alienación.

En el fondo, estas cuestiones apuntadas son los temas de sus
conversaciones con Jurgen Habermas[47] y con Marcelo Pera[48] en
donde se reflexiona sobre ese sistema moral de relaciones que
exige un bien común sustantivo que promete una vida plena al
hombre. No se puede disolver el bien en el mero sistema comu-
nicativo del filósofo alemán[49] y exige una reflexión que supere un
formalismo democrático que la diluye por dentro en la aceptación
de una tradición que defiende lo humano. El Papa alemán siempre alude a la necesidad de ver el contenido moral de la *ley natural*
que mandó estudiar a la Comisión Teológica Internacional[50] y es
la base de muchas de sus intervenciones.

Respecto del diálogo interreligioso emerge la cuestión de la
grandeza de la revelación del *Logos* como una exigencia interior
de la misma religión ante la necesidad de preguntarse por la *verdad*

---

46 Quien más lo ha destacado es: TAYLOR, CH., *Sources of the Self. The Mak-
ing of the Modern Identity*, Harvard University Press, Cambridge, Massachusetts
1989.

47 Cfr. RATZINGER J.–HABERMAS, J., *Dialéctica de la secularización*, Encuentro, Madrid 2006.

48 Cfr. BENEDICTO XVI –PERA, M., *Sin raíces*, Península, Barcelona 2015.

49 Cfr. HABERMAS, J., *Conciencia moral y acción comunicativa*, Península, Barcelona 1996.

50 Que publicó el documento: COMISIÓN TEOLÓGICA INTERNACIONAL,
En búsqueda de una ética universal: una nueva mirada sobre la ley natural, 2009.

de la divinidad. Todo se debe a una *búsqueda de Dios* que solo se puede comprender desde la primera atracción hacia Cristo que la gracia divina pone en el corazón del fiel. Así se comprende en el discurso hecho en París ante la cultura francesa en el que muestra de qué modo el cristianismo generó una cultura nueva de la palabra y el trabajo desde la experiencia benedictina[51]. Es el fundamento de la cultura de Europa que se generó desde la contribución de los monjes benedictinos que custodiaron y transmitieron la cultura antigua. Se hizo no porque se buscase ese objetivo, sino porque los monjes buscaban a Dios:

> *No estaba en su intención crear una cultura y ni siquiera conservar una cultura del pasado. Su motivación era mucho más elemental. Su objetivo era:* quaerere Deum, *buscar a Dios. En la confusión de un tiempo en que nada parecía quedar en pie, los monjes querían dedicarse a lo esencial: trabajar con tesón por dar con lo que vale y permanece siempre, encontrar la misma Vida. Buscaban a Dios. Querían pasar de lo secundario a lo esencial, a lo que es sólo y verdaderamente importante y fiable*[52].

En este camino hacia Dios es del todo esencial la mediación de la belleza que muestra la grandeza de la trascendencia; así se ve en el bellísimo discurso en la Scala de Milán dentro de la Jornada Mundial de las Familias, el 1 de junio de 2012. La misma armonía musical de la novena sinfonía de Ludwig van Beethoven le sirve para mostrar en su valor narrativo la verdad que contiene para la vida de los hombres y de qué modo se abre a la verdad de

---

51 Sigue en ello el hermoso libro de: LECLERCQ, J., *L'amour des lettres et le désir de Dieu. Initiation aux auteurs monastiques du moyen âge*, Cerf, Paris 1957.

52 BENEDICTO XVI, «Discurso con el mundo de la cultura en el Collège des Bernardens», (12.09.2008).

un canto universal. Es una manifestación de la fraternidad revelada desde Cristo como Hijo, de tal modo que no se puede poner entre paréntesis su presencia[53]. Estas son sus palabras:

> *En esta hora quisiéramos referir las palabras de Beethoven, «Amigos, no estos tonos...», precisamente a las de Schiller. No estos tonos. No necesitamos un discurso irreal de un Dios lejano y de una fraternidad que no compromete. Estamos en busca del Dios cercano. Buscamos una fraternidad que, en medio de los sufrimientos, sostiene al otro y así ayuda a seguir adelante*[54].

Se trata de la *via pulchritudinis* como una realidad que toma al hombre y su integridad como un camino necesario de acceso a Dios. Es lo que el cardenal Ratzinger puso de manifiesto en la homilía que pronunció poco antes de ser Pontífice en el funeral celebrado en el Duomo de Milán por Don Luigi Giussani, fundador de Comunión y Liberación al que le unía una profunda amistad, ya desde su colaboración en la revista *Communio*. Para nuestro autor, toda la vida del sacerdote italiano era expresión de esa dimensión de belleza que se halla en el encuentro con Cristo y cambia la vida.

> *Don Giussani creció en una casa —como dijo él mismo— pobre en pan, pero rica en música. Así, desde el inicio, se sintió tocado, más aún, herido por el deseo de la belleza; no se contentaba con una belleza cualquiera, con*

---

53 Es el argumento principal de: RATZINGER, J., *La fraternidad cristiana*, Taurus, Madrid 1962.

54 BENEDICTO XVI, «Discurso en el concierto en honor del Santo Padre y de las delegaciones para la Jornada Mundial de la Familias», La Scala de Milán (1.06.2012).

JUAN JOSÉ PÉREZ–SOBA

una belleza trivial. Buscaba la Belleza misma, la Belleza infinita. Así encontró a Cristo, y en Cristo la verdadera belleza, el camino de la vida, la auténtica alegría[55].

El marco de referencia que emplea es cultural, lo que nos abre al modo como Benedicto XVI plantea la cuestión del mayo del 68 y la revolución sexual a la que condujo[56]. Nos damos cuenta de la importancia de todo ello en los apuntes que escribió sobre los casos de abusos, en los que por encima de los procesos judiciales a seguir se pregunta por las causas que son de orden afectivo– sexual y se pueden rastrear en la historia reciente[57]. De este modo, lo que ha sido ocasión para un ataque demoledor a la Iglesia, con acusaciones dirigidas a derogar el celibato eclesiástico como si fuera opresivo y causa de una perversión sexual, se ve ahora como lo que ha de ser: una llamada a una renovación eclesial dentro de una cultura hipersexualizada. Es una expresión más de la comprensión de la capacidad cultural contenida por el cristianismo que está en la raíz misma de Europa.

Así lo expresó en esa conferencia en Subiaco, justamente el día anterior a la muerte de Juan Pablo II, el 1 de abril de 2005, sobre la familia y Europa. Era un análisis histórico–cultural de cómo la conjunción de cristianismo con la familia ha sido central

---

55 RATZINGER, J., *Homilía en la misa funeral de Mons. Luigi Giusanni*, Catedral de Milán, (24.02.2005).

56 Una valoración en: JIMÉNEZ, L., (dir.), CID VÁZQUEZ, M. T. (ed.), *Mayo del 68 y su legado. La universidad ante los retos del siglo XXI*, Fundación Universitaria Española, Madrid 2020.

57 Ha querido que el texto formase parte de su libro póstumo: RATZINGER, J., «La iglesia y el escándalo de los abusos sexuales», en ID., *Qué es el cristianismo*, cit., 197–221. Es necesario referirse al comentario: MELINA, L.–ROWLAND, T. (eds.), *La Iglesia en el banquillo. Un comentario a los «Apuntes» de Benedicto XVI*, Didáskalos, Madrid 2021.

para el desarrollo de la cultura europea y qué significa antropológicamente en la actualidad. Por ello, se ha publicado con el significativo título de [Europa en] «la crisis de las culturas»[58]. En este texto el todavía cardenal destacó de qué modo la cultura debe mirar a sus orígenes y abrir a un sentido. De ningún modo basta un acercamiento a ella que mire sólo hechos inconexos desde fuera, sino que perciba de verdad lo que es el fundamento para la misma, de aquí que su reflexión principal sea la de crisis de la cultura en cuanto tal.

Emerge la necesidad de una propuesta cristiana donde la cuestión de la familia es esencial y es necesario mostrar de qué forma la fe ilumina las relaciones humanas. No se trata de una mera indicación, cuanto de una llamada urgente a responder con la reflexión y la vida en la construcción de una cultura nueva, en donde un punto esencial es poder hablar en público *como si Dios existiera*. Pues estas son sus palabras:

> *Ahora tendremos que invertir el axioma de los ilustrados y afirmar que incluso el que no logra encontrar el camino de la aceptación de Dios deberá, en todo caso, tratar de vivir y organizar su vida* veluti si Deus daretur[59].

Conclusión

Ante un pensamiento pensante, como es el de nuestro autor, no nos podemos quedar sólo en lo sugerente del mismo, sino en cómo nos urge a emprender el camino para pensar nosotros mismos con una dirección adecuada. El payaso puede ser tomado en

---

58 Cfr. RATZINGER, J., «La crisis de las culturas», en ID., *El cristiano en la crisis de Europa*, Cristiandad, Madrid, 2005, 21–50. Por eso se ha editado también como: RATZINGER, J./BENEDICTO XVI, *Vivir como si Dios existiera. Una respuesta para Europa*, CALLEJA, R., ed., Encuentro, Madrid 2023.

59 Cfr. RATZINGER, J., «La crisis de las culturas», *cit.*, 48.

serio y, en ese caso, los espectadores podrán afrontar el fuego de modo adecuado.

La integridad del pensamiento de Joseph Ratzinger/Benedicto XVI, que sabe armonizar con gran sabiduría una visión histórica, desde la fe cristiana, con una sensibilidad enorme de su significado humano, es una aportación de una riqueza enorme, justamente para tiempos de cambios rápidos que necesitan una luz y orientación.

En este breve resumen simplemente he querido ofrecer unos trazos en los que se pueden apreciar las claves que nos ayudan a orientar temas fundamentales de nuestra sociedad. El amor nos ha aparecido como una luz central para comprender con mayor profundidad teológica y humana nuestra cultura actual y la sociedad que vivimos. El principio que hemos encontrado nos promete un futuro por el que hemos de apostar, ciertamente *como si Dios existiera*, porque la existencia y el amor están muy relacionados de forma que podemos decir: *la mejor defensa de Dios y del hombre consiste precisamente en el amor*[60].

---

60 Benedicto XVI, C. Enc. *Deus caritas est*, n. 31.

Este libro se terminó de imprimir en marzo de 2025